保育基礎学習ノート

もくじ

1章　子どもの保育

2章　子どもの発達

3章　子どもの生活

4章　子どもの文化

5章　子どもの福祉

本書の使い方

本書は，実教出版発行の教科書（家庭707）「保育」に準拠した学習ノートです。教科書の構成にあわせた展開とし，教科書の内容を確実に理解するとともに，保育についての学習をより深めることができるようにしています。授業用ノートとしてまとめや板書を記入したり，プリントを貼付したり，復習や試験前の対策，自学自習などにこの学習ノートを役立ててください。

指導資料付属の授業展開スライド（PowerPoint）に準拠しています。

観点別マーク
知……知識・技術の定着を図る問題
思……思考・判断・表現力をはぐくむ問題

本文や各章末にフリースペース MEMO を設けています。

（1　　　　　）を築くことである。
■倉橋惣三「就学前の教育」より

「就学前教育は（2　　　　）の教育である」
「人間生活のいっさいの（3　　　　）であり，基本的であるところの，
（4　　　　）と（5　　　　）とを主目的とすべき」

知 3　保育所・幼稚園・認定こども園の共通の指針として示されている「幼児期の終わりまでに育ってほしい姿」にはどのようなものがあるか，まとめよう。

●健康な心と体

子どもは，これらを日々の（1　　　　）のなかで，（2　　　　）を通して身につけていく。

思 4　乳幼児期のさまざまな経験や実体験（お手伝い・年中行事）は，その後の生涯にわたる学びにおいて大切な意味を持つ。四季を感じられる遊びや豊かな生活体験にはどのようなものがあるか，まとめてみよう。

春	夏
秋	冬

MEMO

1章　子どもの保育

1　保育の意義　3

年　組　番　名前　　　　　　　　検印

1章 子どもの保育

1 保育の意義

教p.10〜13

I 保育とは

教p.10〜11

知 1 人間の発達段階について，表の空欄にあてはまる適切な語句を選択肢から選び，記号で答えよう。

受精	誕生		1歳	6歳	12歳	25歳ころ	65歳ころ
胎児期	新生児期	乳児期	(1　　)	児童期	(2　　)	成人期	(3　　)

ア．幼児期　イ．少年期　ウ．青年期　エ．大人期　オ．高齢期

知 2 次の文章の（　）に適語を記入しよう。

乳幼児期は，人の発達過程において，(1　　　)や(2　　　)の基礎を築く大切な時期である。

乳幼児期の子どもの発達に深くかかわるのが(3　　　)である。保育は子どもを(4　　　)し，(5　　　)行為であり，子どもがすこやかに育つことを導き支えていくうえで大切な意義を持っている。

子どもが(6　　　)に環境とかかわることにより，子どもは新たに知ったり，体験したり，気づいたり，さらなる環境とのかかわりのきっかけにしたりしながら，自らの(7　　　)を広げていく。

知 3 子どもの発達を支える環境についてまとめよう。

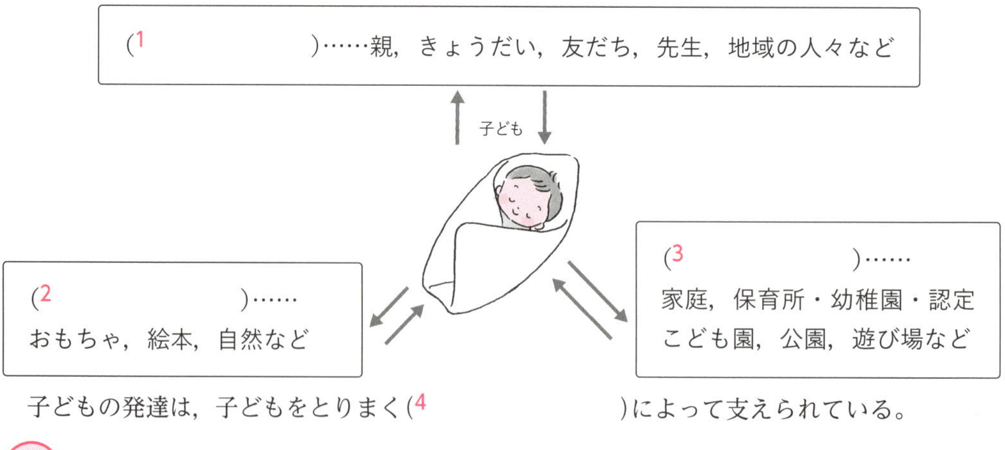

子どもの発達は，子どもをとりまく(4　　　)によって支えられている。

II 保育の意義

教p.12〜13

知 1 遊びとはどのようなことか，教科書p.12を参照し，まとめよう。

知 2 保育の目標について，（　　）に適語を記入しよう。

乳幼児期に大切にしたいのは，結果を求めることよりも，
(1　　　　　　　　　　　　　　　　)を築くことである。

■倉橋惣三「就学前の教育」より

「就学前教育は(2　　　　　　　　　)の教育である」
「人間生活のいっさいの(3　　　　　　　　　)であり，基本的であるところの，
(4　　　　　　　　　　　　)と(5　　　　　　　　　　)とを主目的とすべき」

知 3 保育所・幼稚園・認定こども園の共通の指針として示されている「幼児期の終わりまでに育ってほしい姿」にはどのようなものがあるか，まとめよう。

●健康な心と体

子どもは，これらを日々の(1　　　　　　　　　)のなかで，(2　　　　　　　　　)を通して身につけていく。

思 4 乳幼児期のさまざまな経験や実体験（お手伝い・年中行事）は，その後の生涯にわたる学びにおいて大切な意味を持つ。四季を感じられる遊びや豊かな生活体験にはどのようなものがあるか，まとめてみよう。

春	夏
秋	冬

MEMO

1章 子どもの保育
2章 子どもの発達
3章 子どもの生活
4章 子どもの文化
5章 子どもの福祉

1章 子どもの保育

2 保育の方法

教p.14〜17

Ⅰ 保育者の役割

教p.14〜15

知 1 次の文章の（　　）に適語を記入しよう。

保育は，子ども自身が主体的に(1　　　　　　　　)とかかわり，子ども自身が持っている(2　　　　　　　　)を内面から引きだすことである。

そのため，保育は(3　　　　　　　　)を通して行うことが基本となる。

保育においては，子どもが(4　　　　　　　　)な環境で(5　　　　　　　　)して過ごせることが重要である。そのためにも，衛生・安全面に配慮した(6　　　　　　　　)を整えること，子ども一人ひとりの思いや願いを受けとめながら(7　　　　　　　　)を築いていくことが必要である。

知 2 子どもから見た保育者の役割についてまとめよう。

保育者は，その時々の(1　　　　　　　　)と(2　　　　　　　　)に応じた役割を果たしていく。

知 3 保育の循環サイクルについて，図の1〜6にあてはまる適切な語句を選択肢から選び，記号で答えよう。

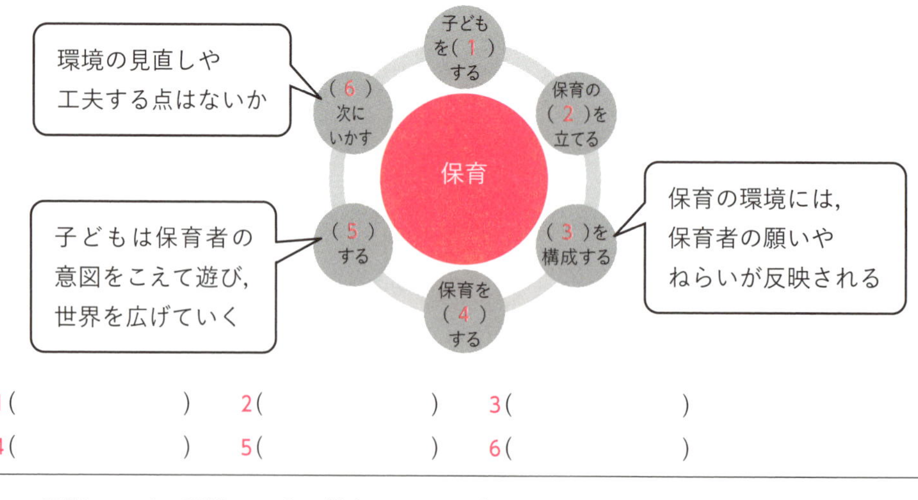

1(　　　　　)　2(　　　　　)　3(　　　　　)

4(　　　　　)　5(　　　　　)　6(　　　　　)

ア．理解　**イ**．環境　**ウ**．教育　**エ**．計画　**オ**．観察・記録　**カ**．実践
キ．振り返り　**ク**．循環

Ⅱ 一人ひとりに合わせた指導

教p.16～17

知 1 次の文を読み，正しいものには○を，まちがっているものには×を記入しよう。

1(　　　　　)　子どもは，発達の時期によって特徴が異なることがある。
2(　　　　　)　一人ひとりの子どもによる個人差は見られない。
3(　　　　　)　同じ子どもでも，日によって調子が変わることがある。
4(　　　　　)　保育の方法は「こうすればこうなる」という決まった法則がある。
5(　　　　　)　子どもの発達の過程を理解すること，目の前の子ども一人ひとりを理解することが保育の基本となる。

知 2 次の文章の（　　）に適語を記入しよう。

保育者は子どもとのかかわりのなかで，常に子どもへの(1　　　　　　　　)にもとづいてはたらきかけていくことが求められる。

子どもが体験していることの「子どもにとっての(2　　　　　　　　)」という視点で見ることが大切である。

知 3 赤ちゃんが泣いているときのかかわり方について，次の文の（　　）に適語を記入しよう。

0歳の赤ちゃんが泣いていたら，子どもの状態を把握し，
・食事，睡眠，排泄などの(1　　　　　　　　　　)を満たす
・心が落ち着くよう(2　　　　　　　　　　)をはかる
など，その時々に応じてはたらきかけていく。

思 4 保育における指導のポイントについて考えよう。

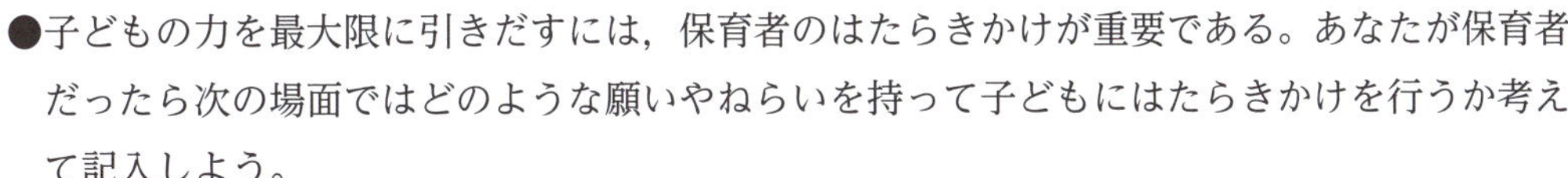

●子どもの力を最大限に引きだすには，保育者のはたらきかけが重要である。あなたが保育者だったら次の場面ではどのような願いやねらいを持って子どもにはたらきかけを行うか考えて記入しよう。

場面	願い・ねらい	はたらきかけ
1　食事の際食べ物で遊んでいる時		
2　友だちが遊んでいるおもちゃをとってしまった時		

MEMO

年　組　番　名前　　　　検印

1章 子どもの保育

3 保育の環境

教p.18～23

Ⅰ 家庭での保育

教p.18

知 1 次の文章の（　）に適語を記入しよう。

家庭は，(1　　　　)を身につけたり，(2　　　　)の基礎を形成したりするなど，子どもの(3　　　　)の基盤となる場である。

しかし，子育てをめぐる(4　　　　)の変化から，家庭だけで子育てを担うのは困難な場合もある。

知 2 次の文を読み，正しいものには〇を，まちがっているものには×を記入しよう。

1(　　　) 0～2歳児は，3～5歳児に比べると家庭で過ごす子どもが多い。

2(　　　) 3～5歳児は，保育所や幼稚園を利用している割合が高い。

3(　　　) 子育てをしていて負担・不安に思う人の割合は，全体の半数以下である。

4(　　　) 子育てをしていて負担・不安に思う人の割合は，女性よりも男性のほうが高い。

Ⅱ 幼児教育・保育の場

教p.19～21

知 1 子どもが育つ場として，家庭や地域のほかにどのような場があるか，記入してみよう。

知 2 保育所・幼稚園・認定こども園についてまとめよう。

	保育所	幼稚園	認定こども園
対象	(1　　　)歳	(2　　　)歳	(3　　　)歳
管轄	4	5	こども家庭庁・文部科学省
保育内容の基準	6	7	8
保育者の資格	(9　　　)資格	(10　　　)免許状	類型により異なる。
利用できる保護者	共働き世帯，親族の介護などの事情で(11　　　)で保育のできない保護者	制限なし	0～2歳：共働き世帯，親族の介護などの事情で(12　　　)で保育のできない保護者 3歳以上：制限なし

その他にも，保育所(原則(13　　　　)人以上)より少人数の単位で0～2歳の子どもを保育する(14　　　　)保育，(15　　　　)保育などもある。

Ⅲ 子どもが育つ環境の変化と課題

教p.22〜23

知 **1** 子どもをとりまく環境の変化の例としてどのようなものがあるか，まとめよう。

知 **2** 少子化について，次の文章の（　　）に適語を記入しよう。

ひとりの女性が一生の間に生む子どもの数を表す(1　　　　　　)は1.36（2019年）で，(2　　　　　　)傾向が続いている。

少子化の要因としては，次のようなことが指摘されている。

- (3　　　　　　)な不安定さ
- 子育て中の孤立感や負担感
- (4　　　　　　)労働
- (5　　　　　　)負担の重さ
- 仕事と子育ての両立の難しさ

知 **3** 待機児童の問題について，次の文の（　　）に適語を記入しよう。

保育所を希望しても入れない(1　　　　　　)は，近年，保育施設が増えたことにより減少傾向にある。

しかし，自治体によっては(2　　　　　　)不足や保育の(3　　　　　　)の低下などの課題がある。

思 **4** 子どもが育つ環境の変化と課題をまとめ，その課題の解決方法を考えて記入しよう。

	変化と課題	解決方法
1　少子化		
2　核家族化		
3　都市化		
4　情報化		

MEMO

MEMO

MEMO

年　組　番　名前　　　　検印

2章 子どもの発達

1 子どもの発達の特性

教p.26～27

I 発育と発達

教p.26～27

知 1 次の文章の（　　）に適語を記入しよう。

乳幼児期は…
・身長や体重などの身体発育に伴い，運動や認知，情緒や社会性など（1　　　　　　）に必要な機能が急速に発達する。
・（2　　　　　　）の基礎を培う。

乳幼児期は大切な時期である。

知 2 発育と発達とはそれぞれどのようなことか。教科書p.26を参照し，まとめよう。

●発育…
●発達…

知 3 次の文章の（　　）に適語を記入しよう。

乳幼児期には，発達段階ごとに達成されることが期待される（1　　　　　　）がある。

発達の過程で子どもが身につける機能は，親などの身近な（2　　　　　　）との温かな応答のもと，子どもが自ら周囲の（3　　　　　　）にかかわることを通して，身についていく。

知 4 発達にはどのような種類があるか，まとめよう。

発達の種類

それぞれの発達が相互に関連しあいながら，総合的に発達していく。

知 5 人の発達特性について，次の文章の（　　）にあてはまる適切な語句を選択肢から選び，記号で答えよう。

人は遺伝と（1　　　　　　）が互いに影響しあうことで，発達していく。

人は他の哺乳類とは異なり，自力で移動や哺乳ができない未熟な状態で誕生する。これを（2　　　　　　）という。この未熟な期間に，さまざまな刺激にふれ，（3　　　　　　）をはじめとする身近な人々とのやりとりを通し，情緒や（4　　　　　　），（5　　　　　　）など，高度で複雑な機能の発達を遂げる。

ア．生理的早産　イ．環境　ウ．早産　エ．運動機能　オ．養育者
カ．認知　キ．身体　ク．体重増加　ケ．言葉

Ⅱ 発達の共通性と個別性

教p.27

知 **1** **発達には，どのような特性があるか。次の（　　）に適語を記入しよう。**

(1　　　　　　　　　　　　)……共通して見られる特性

(2　　　　　　　　　　　　)……一人ひとり異なる特性

知 **2** **右の図は運動機能の発達の方向性を表している。図を参考にして，次の文章の（　　）の㋐，㋑のうち，正しいほうにそれぞれ○をつけよう。**

運動機能の発達の方向性は，頭部と下方で見ると(1　㋐頭部から下方　㋑下方から頭部　)へ進み，中心と末端で見ると(2　㋐中心から末端　㋑末端から中心　)へと進む。

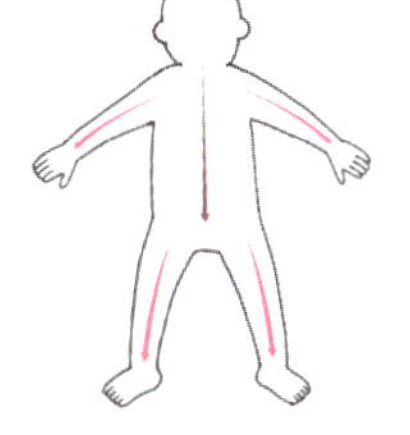

知 **3** **発達には順序性がある。次の表の（　　）にあてはまる適切な語句を右の選択肢から選び，記号で答えよう。**

3か月ころ	7か月ころ	1歳過ぎ
(1　　　　)	(2　　　　)	(3　　　　)

ア. お座り　**イ**. はいはい
ウ. 寝返り　**エ**. 首がすわる
オ. 歩きだす

知 **4** **次の文を読み，正しいものには○を，まちがっているものには×を記入しよう。**

1(　　　　)　発達には一定の連続した順序性があり，ほとんどの子どもに共通している。

2(　　　　)　歩く前には，どの子どももはいはいの動作が一定期間見られる。

3(　　　　)　発達には個別性があるので，一人ひとりの発達を認めることが重要である。

4(　　　　)　発達がはやい・遅いには常に注意をはらう必要がある。

思 **5** **次のような子育ての相談を受けた時，あなたならどのようにアドバイスをするだろうか。発達の共通性と個別性を踏まえたうえで考えてまとめてみよう。**

相談内容	発達の共通性と個別性を踏まえたアドバイス
1　子どもが1歳6か月になってもまだ歩かないので心配している。	
2　子どもがはいはいをあまりしなかったのに10か月でもう歩き出してしまったが大丈夫か。	

MEMO

年　組　番　名前　　　　検印

2章 子どもの発達

2 子どものからだの発達（発育・発達の評価）

教p.28〜39

I 発育・発達の評価

教p.28〜31

知 1 次の文章の（　）にあてはまる適切な語句を選択肢から選び，記号で答えよう。

（1　　　　　）は，乳幼児期の心身の総合的な発達の基礎となる。乳幼児期の発育を適切に（2　　　　　）し，子どもが心身共に（3　　　　　）に育っているかを見きわめ，子どもがすこやかに育つ（4　　　　　）を整えていくことが重要である。

発育・発達には（5　　　　　）がある。子ども一人ひとりのペースで着実に発育しているかという視点を持って（6　　　　　）的にとらえていくことが求められる。

ア．認知の発達	イ．言葉の発達	ウ．からだの発育	エ．観察	オ．評価
カ．個人差	キ．順序性	ク．環境	ケ．断続	コ．継続	サ．健康

知 2 次の図は，子どもの発育が同性別・同年齢の集団の標準的な値からどれくらいにあるかを評価する際に用いられる。（　）に適切な語句を記入しよう。

●下の図を（1　　　　　）＝（2　　　　　）という。

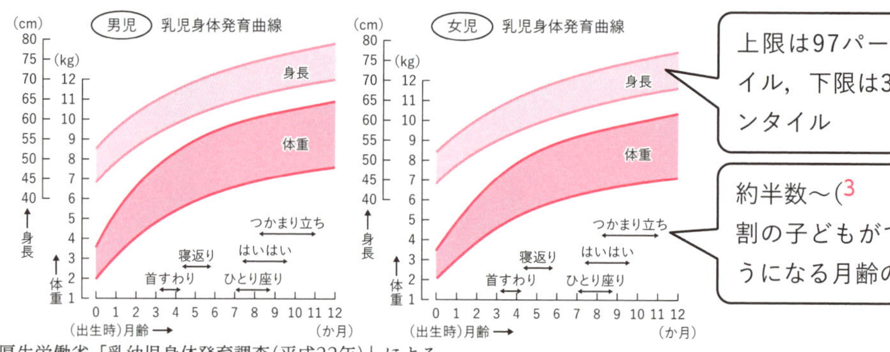

厚生労働省「乳幼児身体発育調査(平成22年)」による

●（4　　　　　）は，乳幼児身体発育調査の結果にもとづき母集団を100人とした場合，小さいほうから何番目にいるかを示す。

知 3 肥満ややせなどの評価によく用いられるものを2つ書こう。また，次の式で求められるのはどちらか，（　）に適切なほうを書こう。

1	2

（3　　　　　）……「体重(g)÷身長(cm)^2×10」で求められる。

知 4 身体計測は4つの項目を測定して，総合的に発育を判断する。その4つを書こう。

知 5 身体計測について，次の文章の（　　）に適切な語句を記入しよう。

体重　乳児は(1　　　　　　　　　　　)（乳児用体重計）を用い，授乳直後の計測は避ける。幼児は排便，排尿をすませて，体重計ではかる。

身長　乳児は身長計にあおむけにして，(2　　　　　　　　　　)を固定板につけ，移動板を(3　　　　　　　　　　)に当てて計測する。幼児は身長計に立たせて，(4　　　　　　　　　　)，(5　　　　　　　　　　)，(6　　　　　　　　　　)をつける。

胸囲　巻き尺が左右の乳頭点を通り，体軸に(7　　　　　　　　　　)になるよう計測する。

頭囲　巻き尺は，前方は(8　　　　　　　　　　)の上，後方は後頭部の最も突出している部分を通るよう計測する。

知 6 次の文を読み，正しいものには○を，まちがっているものには×を記入しよう。

1(　　　　　)　母子健康手帳は，出産時に発行され，小学校入学前までの記録ができる。

2(　　　　　)　父子手帳は，全国の自治体で同じものが発行・配布されている。

3(　　　　　)　母子健康手帳は，母子保健法によって交付が義務づけられている。

4(　　　　　)　保育所・幼稚園・認定こども園などでは，子どもの発育・発達状態の把握を行うが，定期的・継続的に行っているわけではない。

5(　　　　　)　社会全体で子どものすこやかな発育・発達が保障される場を整える必要がある。

思 7 自分の住む自治体の父子手帳には，どのような内容が書かれているだろうか。調べてまとめてみよう。

MEMO

年　組　番　名前　　　　検印

2章 子どもの発達

2 子どものからだの発達（身体的特徴①）

教p.28〜39

Ⅱ 身体的特徴①

教p.32〜33

知 1 下の臓器別の発育曲線で，□にあてはまる適切な語句をあとの□から選んで記入しよう。

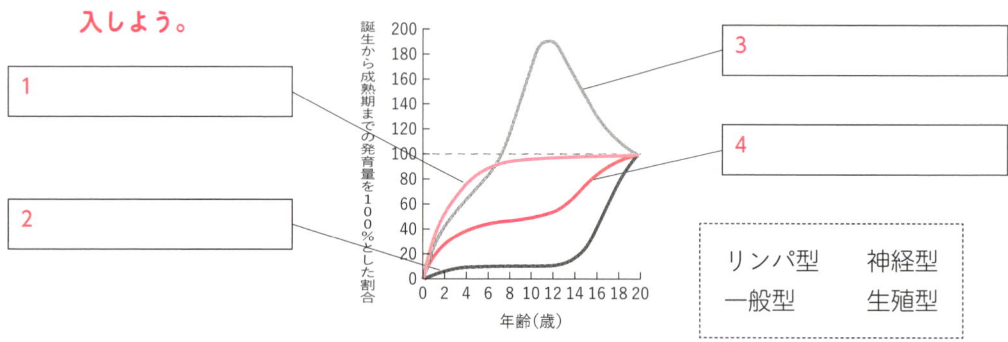

知 2 右の図は，乳児期の身長・体重の増加を表している。これを参考にして，次の文章の（　）に適切な数字や語句を記入しよう。

●出生時の平均身長は，約（1　　　）cmで1年後には約（2　　　）倍になる。

●出生時の平均体重は，約（3　　　）kgで1年後には約（4　　　）倍になる。

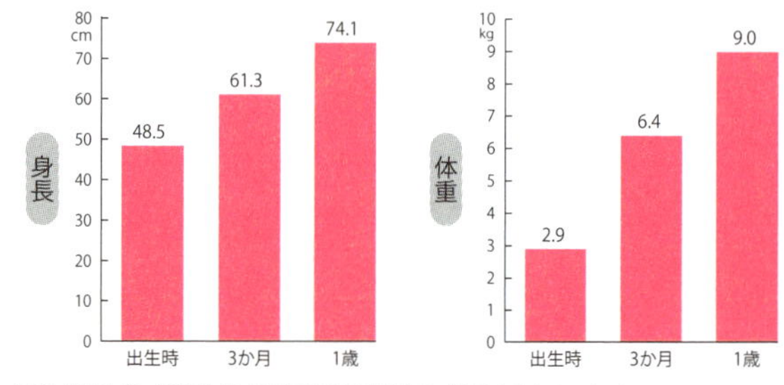

厚生労働省「乳幼児身体発育調査（平成22年）」による

●低出生体重の新生児は発育・発達の（5　　　）のリスクが大きいが，後から追いついてくる場合もある。

名称	低出生体重	極低出生体重	超低出生体重
出生体重	（6　　　）g 未満	（7　　　）g 未満	（8　　　）g 未満

知 3 下の図は，新生児の頭蓋骨を表している。□に適切な名称を記入しよう。また，（　）にあてはまる適切なものを選択肢から選び，記号で答えよう。

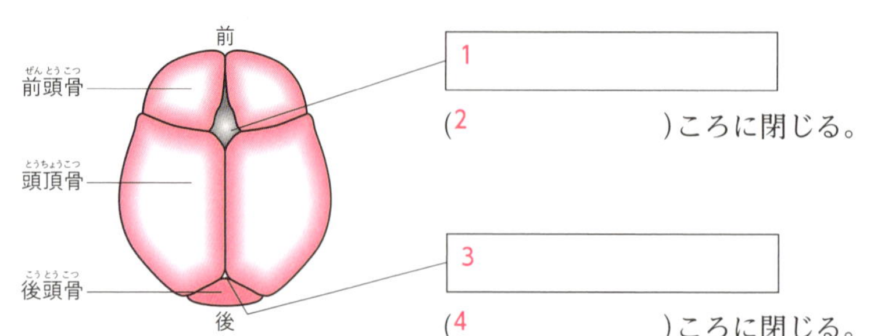

ア．1か月
イ．3〜6か月
ウ．9〜12か月
エ．1歳半
オ．2〜3歳

知 4 右のグラフを参考に，次の文章の（　　）にあてはまる適切な数字を選択肢から選び，記号で答えよう。同じ記号を二度使ってもよい。

脳の重量は1歳で出生時の約(1　　　　　　)倍になり，(2　　　　　　)歳ころには成人の約9割に達する。

頭囲は出生時には約33cmだが，1歳で約(3　　　　　　)cmになる。

胸囲は出生時に31～32cmだが，1歳で約(4　　　　　　)cmになる。

年齢による脳重量の変化

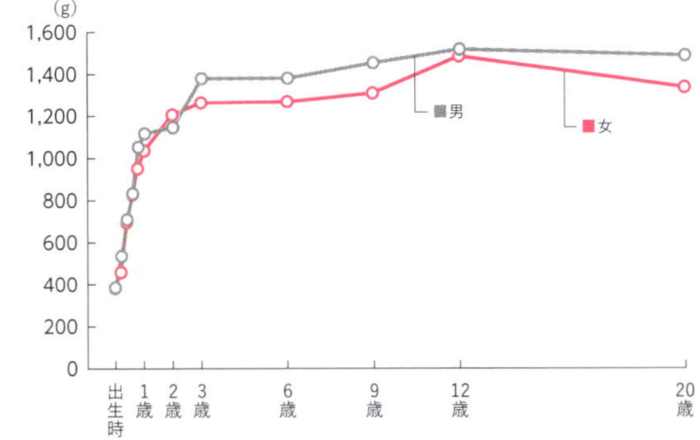

青木継稔他編「数値から見る小児の成長と発達」による

ア．2.5　イ．4　ウ．6　エ．9　オ．35　カ．45　キ．55

知 5 次の文章の（　　）に適切な語句を記入しよう。

乳幼児の骨はやわらかく，(1　　　　　　)がある。骨は成長に伴い，骨の軟骨に(2　　　　　　)が付着することでかたくなっていく。これを(3　　　　　　)という。

骨の発育を評価することで(4　　　　　　)を割りだすこともある。このとき，手のひらから手首までの(5　　　　　　)を手がかりとすることが多い。

3歳児の手の骨

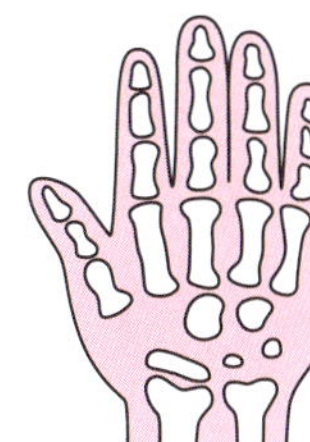

MEMO

年　組　番　名前　検印

2章 子どもの発達

2 子どものからだの発達（身体的特徴②）

教p.28～39

Ⅱ 身体的特徴②

教p.33～35

知 1 右の図は，脊柱の湾曲の変化を示している。これを参考にして，次の文章の（　　）に適語を記入しよう。

乳児の脊柱はC字型に背中から首までが湾曲している。これを(1　　　　　　　　)という。

首がすわり始めると，首が逆方向に湾曲し始める。これを(2　　　　　　　　)という。立つようになると(3　　　　　　)の湾曲も現れ，S字カーブになり，(4　　　　　　　　)が可能となる。

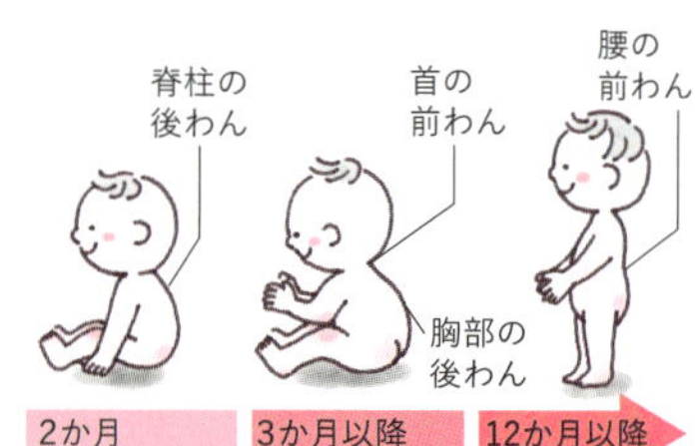

知 2 乳児の脚は，まっすぐではない。正常な形は，どの関節とどの関節が曲がって外側にM字型に開いているか，まとめよう。

知 3 胃の容量の増加についてまとめた表で，（　　）にあてはまる適切な数字を選び，記号で答えよう。

年齢	生後1日	1週間	1歳	成人
胃の容量〔mL〕	(1　　　)	(2　　　)	(3　　　)	(4　　　)

ア．2～3　イ．5～7　ウ．45～60　エ．80～150
オ．200～300　カ．500～600　キ．約2000　ク．約3000

知 4 次の図は，乳児と成人の胃の形を示している。乳児の胃の特徴について，（　　）に適切な語句や数字を記入しよう。

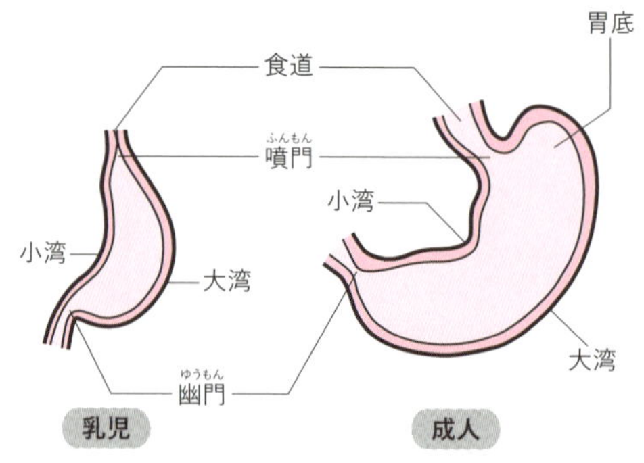

乳児の胃は，(1　　　　　　　　)が形成されておらず，とっくりのような形をしている。また，(2　　　　　　　　)の筋力も弱いため，哺乳後にミルクを吐きやすい。

(3　　　　　　)歳くらいで成人と同じような形になる。

知 5 歯のはえ方について，次の文章の（　　）に適切な語句や数字を記入しよう。

6か月ころから(1　　　　　　　)がはえ始める。6～8か月ころに(2　　　　　　)の前歯がはえ，8～9か月ころに(3　　　　　　)の前歯がはえる。1歳ころには上下各(4　　　　　　)本になる。(5　　　　　　)歳ころには20本がはえそろう。6歳ころより乳歯が抜け，(6　　　　　　　)にはえ変わっていく。すべてはえそろうと(7　　　　　　)本となる。

知 6 下の図を参考にして，からだのつり合いについて，次の文章の（　　）の㋐，㋑のうち，正しいほうにそれぞれ○をつけよう。

乳幼児は成人に比べて，身長に対する(1　㋐　頭部　　㋑　胸部　)の割合が大きく，手足も(2　㋐　長い　　㋑　短い　)。新生児の頭部が占める割合は(3　㋐　2分の1　㋑　4分の1　)である。徐々に頭部の占める割合は小さくなり，(4　㋐　6　　㋑12　)歳ころには6分の1になり，成人の体型に近づく。

からだのつり合い

胎児2か月	胎児5か月	新生児	2歳	6歳	12歳	25歳
2頭身	3頭身	4頭身	5頭身	6頭身	7頭身	8頭身

思 7 乳児が哺乳後にミルクを吐き戻さないためにはどうすればよいだろうか。教科書p.78を参考にしてまとめてみよう。

MEMO

年　組　番　名前　検印

2章 子どもの発達

2 子どものからだの発達（生理的特徴①）

教p28～39

Ⅲ 生理的特徴①

教p36～37

知 1 呼吸について，次の（　）に適切な語句や数字を記入しよう。

●誕生前後の呼吸

胎児	出生時	誕生後
呼吸はしないが，（1　　　　）から酸素を受け取っている。	生まれて初めての自発的な呼吸＝（2　　　　）と呼ばれる泣き声。	肺による呼吸を行う。

●ろっ骨のしくみと呼吸の方法

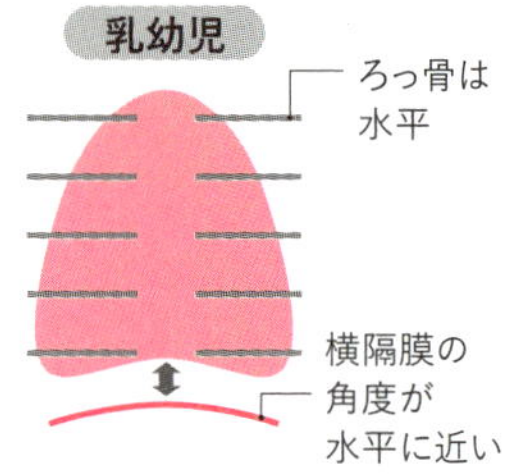

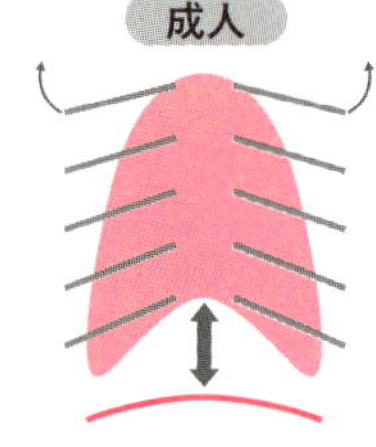

（5　　　　）歳ころから胸式呼吸も可能になる。

（6　　　　）歳以降には胸式呼吸が中心になる。

横隔膜による
（3　　　　）呼吸

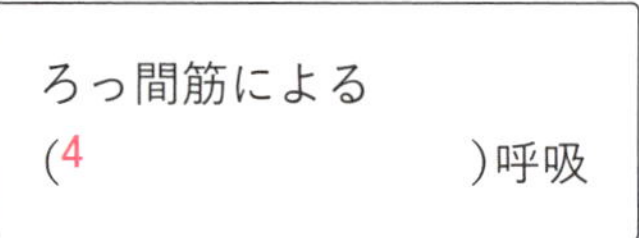

ろっ間筋による
（4　　　　）呼吸

知 2 乳幼児の呼吸について，次の文章の（　）に適語を記入しよう。

3か月以下の乳児は（1　　　　）呼吸が中心で，口呼吸がうまくできないため，鼻づまりや鼻腔（鼻の穴）がふさがる事故に注意する。また，乳幼児の呼吸数は，成人と比べて（2　　　　）。

知 3 循環について，次の文章の（　）に適語を記入しよう。

循環とは，（1　　　　）のポンプ作用による血液が全身にめぐり，再び心臓に戻ることである。

胎児期は，（2　　　　）から取り入れた酸素を全身に送っている。これを（3　　　　）という。誕生後は，（4　　　　）による酸素の取りこみが行われるようになる。

知 4 右の図は，乳児の脈をはかっているところである。次の文章の（　）に適語を記入しよう。

脈をとるときは，人さし指・中指・くすり指の3本をそろえて（1　　　　）の上に当て，親指を裏側に当てて支えてはかる。

年齢が低いほど，脈拍数は（2　　　　），血圧は（3　　　　）。

知 5 乳幼児の体温について，次の文章の（　　）に適切な語句や数字を記入しよう。

●右の図のように，体温計をわきの（1　　　　　）（わき下の最もへこんでいる部分）に入れる。体温計を下から少し（2　　　　　）ようにして，わきをしっかりしめる。上や横からさしこむと，体温計の先端がわきの中心に当たらないことや，先端が出てしまうことがある。

●新生児はからだの代謝がさかんなため，体温は（3　　　　　）℃前後と，成人より高い。気温の影響を受けやすく，特に新生児は（4　　　　　）に気をつける必要がある。服を着せすぎて体温が（5　　　　　）こともある。

●体温は1日のなかでも変動し，朝から夕方にかけて（6　　　　　）なる傾向がある。また，（7　　　　　）の後も高くなる。部位や体温計によっても測定値は異なるため，同じ（8　　　　　）での継続的な計測が望ましい。

体温のはかり方

MEMO

年　組　番　名前　　　　検印

2 子どものからだの発達（生理的特徴②）

教p.28〜39

Ⅲ 生理的特徴②

教p.37〜39

知 1 新生児の皮膚について，次の文章の（　　）に適語を記入しよう。

新生児の皮膚は(1　　　　　　)，血液が皮膚を通して透けて見えるため，赤みを帯びた肌をしている。肺呼吸により酸素が十分取りこめるようになると，不必要になった赤血球が壊れ，黄色い色素である(2　　　　　　)となり排出される。赤血球がうまく排出できないと皮膚が黄色みを帯びる。これを(3　　　　　　)というが，生後(4　　　　　　)程度で薄くなっていく。

羊水に浮かぶ胎児は，(5　　　　　　)と呼ばれる白いクリームのような脂で皮膚が守られている。これは，生後2〜3日すると乾燥し，皮膚と共にはがれることもある。

顔や頭皮は皮脂分泌が激しく，(6　　　　　　)ができることも多いが，3か月ころには皮脂分泌が減り，徐々に落ち着いてくる。肌を清潔に保ち，(7　　　　　　)することが必要である。

知 2 乳幼児の水分代謝について，右の図を参考にして，次の文章の（　　）に適語を記入しよう。

- 乳幼児は，体重に占める(1　　　　　　)の割合が大きい。
- 乳児は，尿・便・汗に加え，呼気や皮膚から出ていく水分である(2　　　　　　)も多く，出ていく水分の割合も大きいため，(3　　　　　　)になりやすい。

からだの水分量

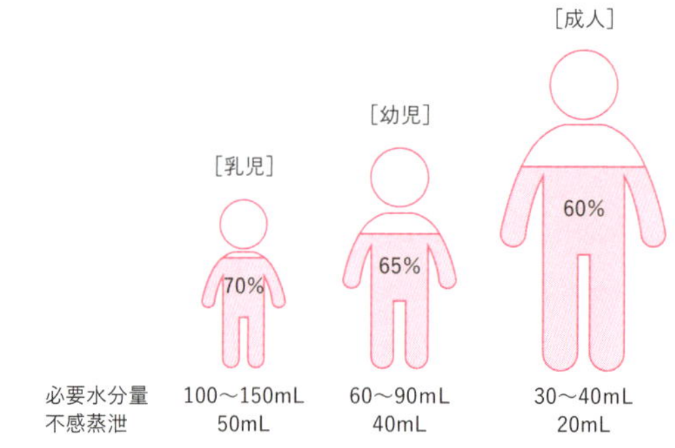

注）1日あたり，体重1kgあたりの量。

乳幼児期は，適切な(4　　　　　　)を日常的に行う必要がある。ただし，イオン飲料の与えすぎに注意。日常は麦茶や白湯で十分である。

知 3 乳児の排泄について，次の（　　）に適切な語句や数字を記入しよう。

生後2〜3日	哺乳を始めると
黒褐色・黒緑色の粘りのある便 →(1　　　　　　)	黄色みを帯びた便((2　　　　　　))となる。 →(3　　　　　　)が排出されるため，約7日で黄色い便となる。

- 生後(4　　　　　　)か月くらいまでは，便の色に注意する。

知 **4** 乳幼児の排尿について，次の表を参考に，あとの文章の（　　）に適切な数字や語句を記入しよう。

排泄機能の発達

月齢（か月）		出生時	1	3	6	9	12	18	24
尿	1日の尿量（mL/日）	100〜200	250〜400	400〜500			500〜600		
	1回の尿量（mL/回）	5〜10	15〜30	25〜50			40〜75		
	1日の尿回数（回）	15〜20		10〜16			8〜12		

一般社団法人日本衛生材料工業連合会21-0029号資料による

1日の排尿回数は生後(1　　　　　　)か月ころまでは15〜20回に上る。幼児期になると(2　　　　　　)が発達するために回数は少なくなり，1回の尿量が(3　　　　　　)。

知 **5** 乳児の消化・吸収について，次の（　　）に適語を記入しよう。

新生児	・消化器の発達が不十分 ・胃の形が成人とは異なる。	→	授乳後に乳汁が口から少量出てくる。 →(1　　　　　　)というが，生理的な吐き戻しであるため心配ない。
生後6か月ころ	・だ液の分泌が急激に高まる。	→	飲みこむ力が弱く，(2　　　　　　)が口から流れる。→(3　　　　　　)の原因となるため，こまめにふく。

MEMO

年　組　番　名前　　　　　　検印

2章 子どもの発達

3 子どもの心の発達（社会・情緒的な発達）

教p.40～49

I 社会・情緒的な発達

教p.40～44

知 **1** 次の文章の（　　）に適語を記入しよう。

自分がだれかから必ず守ってもらえるという安心感や信頼関係は(1　　　　　　　　)(アタッチメント)関係と呼ばれる。(　1　)関係は，からだをふれあわせる(2　　　　　　　　)や子どもの求めに対応するなどによってはぐくまれていく。

(　1　)関係が成立すると，子どもは親を(3　　　　　　　　)(よりどころ)としながら，安心して外の世界に向けて興味を示し行動範囲を広げていく。これを(4　　　　　　　　)という。

安定した(　1　)関係が築かれ，(　3　)を持って育った子どもは，自分に自信を持ち，(5　　　　　　　　)がはぐくまれ，その後の(6　　　　　　　　)にも肯定的で安定した関係を築くことができるようになる。

知 **2** 愛着関係は実際にどのようなことによってはぐくまれるか，教科書p.40を参照して，まとめよう。

知 **3** 次の文を読み，正しいものには○を，まちがっているものには×を記入しよう。

1(　　　　)　愛着関係は，人の社会・情緒的な発達にとって大切である。
2(　　　　)　日本の若者は，他国と比べて，自己肯定感が高い傾向がある。
3(　　　　)　子どもの安全基地となるのは，いつも母親である。
4(　　　　)　継続的に温かく世話をしてくれる人なら，子どもは複数の対象との間に愛着関係を築くことができる。

知 **4** 次の文章の（　　）に適切な数字や語句を記入しよう。

子どもは(1　　　　　　)か月ころから親とその他の人を区別した反応を示すようになる。8か月ころには，よく知らない人が近づいて抱こうとすると，泣いて抵抗するなど(2　　　　　　　　)((3　　　　　　　　))と呼ばれる態度を示すようになる。(　2　)は特に8か月ころからはっきり現れるようになることから，(4　　　　　　　　)とも呼ばれる。

子どもが(　2　)をするのは，親や保育者との間に(5　　　　　　　　)のきずなができ，(6　　　　　　　　)が成立した証拠でもある。

知 **5** **次の文章の（　　）に適切な数字や語句を記入しよう。**

（1　　　　　　）歳を過ぎると，子どもは「自分でやりたい」と自己を主張し始めるようになる。ことあるごとに「イヤだ！」といって反抗するような行動をとることから，（2　　　　　　　　）（イヤイヤ期）と呼ばれている。

子どもの自己主張は，その後の発達にとっても大切な（3　　　　　　）の発達の表れである。

知 **6** **次の文章の（　　）に適語を記入しよう。**

小学校低学年～中学年ころになると，自分の要求が通らないと，口答えをするような（1　　　　　　　　）を迎える。この時期は，人間関係で起こるさまざまな（2　　　　　　）を経験する時でもある。これは，（3　　　　　　）と他者との関係を豊かに築くための大切な経験となる。友だちと自己主張がぶつかりあって，けんかをすることもあるが，大人はできるだけ子どもの（4　　　　　　）的な行動を抑えることなく，子どもたち自身の力を信じ（5　　　　　　）ことも大切である。

知 **7** **子どもの反抗期として，表のような時期が知られている。それぞれ何と呼ばれているか，（　　）に記入しよう。**

2歳ころ	小学校低学年～中学年ころ	中学生ころ
（1　　　　　）	（2　　　　　）	（3　　　　　）

思 **8** **第一次反抗期（イヤイヤ期）の子どもに対してどのように対応し，言葉かけをしたらよいだろうか。考えてまとめてみよう。**

「イヤイヤ」の例	対応・言葉かけ
1　洋服を着せようとすると「イヤ」	
2　食事をさせようとすると「イヤ」	
3　歯みがきさせようとすると「イヤ」	

MEMO

年　組　番　名前　検印

2章 子どもの発達

3 子どもの心の発達（知的発達・言葉の発達） 教p.40～49

Ⅱ 知的発達 教p.45～47

知 1 次の文章の（　　）に適語を記入しよう。

赤ちゃんは，生まれて間もないころから，大人の表情を真似(模倣)する。この真似は，新生児に特有のもので，(1　　　　　　　　)という。相手の真似をするという行動は，相手と感情を共有する(2　　　　　　　　)の基礎でもある。

0歳児後半ころになると，自ら他者の行動を真似するようになる。1歳ころには，大人の援助があれば「(3　　　　　　　　)」の行為が出てくる。1歳半ころになると，お店やさんごっこや戦いごっこなどの(4　　　　　　　　)も始まる。

知 2 次の文章の（　　）に適語を記入しよう。

9か月ころになると，初めて目にするものをさわる前に親の表情を見て，していいことかどうか判断の手がかりにするようになる((1　　　　　　　　))。

「もの」と「自分」という二項間の関係から進み，それを見ている他者（親など）が認識のなかに入ってくる。「もの」に向けられた他者の関心や注意を認識できる関係が成立することを(2　　　　　　　　)の成立という。（ 2 ）の成立は認知機能の発達上の大きな変化であり，(3　　　　　　　　)とも呼ばれる。

三項関係の成立

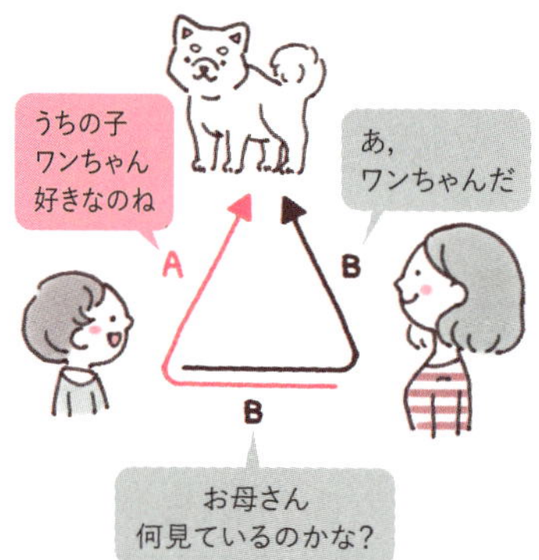

知 3 知的発達の段階について，（　　）に適語を記入しよう。

●発達心理学者ピアジェは，子どもの認識はどのように大人の認識に近づいていくかについて研究し，(1　　　　　　　　)として次のように体系立てた。

0～2歳ころ	(2　　　　　)期	感覚や運動としてものごとを認識する。
2～7歳ころ	(3　　　　)期	頭のなかでの操作がまだ十分に可能でない。
7～12歳ころ	(4　　　　)操作期	具体的なものごとを操作できれば理解できる。
12歳～成人まで	(5　　　　)操作期	目の前に具体物がなくても，推論によって論理的にものごとを考えられる。

●子どものものの見方・とらえ方

どっちが多い?

同じだよ

こっちが多い

6～7歳児は(6　　　　　　　　)に惑わされず「数は同じ」と答えることができる。3～4歳児は右のほうが「多い」と誤って答えてしまう。子どもは自分の視点からものを見たり考えたりする。幼児期に見られるこのような思考の特徴を(7　　　　　　　　)という。これは，他人の見方や考え方を理解したり，他人の立場に立ってものを考えたりするほど，(8　　　　　　　　)が発達していないために起きる自然な現象である。

Ⅲ 言葉の発達

教p.48～49

知 1 言葉の発達について，次の文章の（　）に適語を記入しよう。

●生まれたばかりの赤ちゃんは，（1　　　　　　　）ことで，空腹やのどの渇き，不快感などの意思を伝える。親などが適切に応答すると，（2　　　　　　　）をこめた泣き方へと変化が見られるようになる。

●4～5か月ころになると泣きと共に「バーバー，ブーブー」などの（3　　　　　　　）が見られる。これに対して，子どもが表現しようとしている気持ちに寄り添ってこたえてあげると，（4　　　　　　　）を持つ喃語へと変化していく。

●1歳～1歳6か月ころまでに「ママ」「マンマ」といった（5　　　　　　　）のある言葉をしゃべるようになり，2歳前には「ママ・遊ぼう」といった（6　　　　　　　）を話すようになる。また，「これなあに？」といった質問も出るようになる。
→（7　　　　　　　）

●3歳ころから，「ぼく」「わたし」を使うようになる。（8　　　　　　　）が膨らみ，ものごとへの関心が深まる。「なぜ，どうして」といった，より複雑な質問が見られ始める。
→（9　　　　　　　）

●4歳以上になると，見たり聞いたりしたことを友だち同士で話すようになる。経験を言葉で（10　　　　　　　）できるようになる。

MEMO

年　組　番　名前　検印

子どもの発達

月齢，年齢別の発育・発達

教p.50~64

胎児期

教p.50~51

知 1 次の文章の（　）に適語を記入しよう。

胎児と母体は(1　　　　)で結びついており，胎児は(　1　)を通して(2　　　　)や栄養を受け取り，(3　　　　)を排泄しながら成長する。

2週～8週は(4　　　　)と呼ばれ，脳や心臓など重要な器官が形成される。8週～出産は(5　　　　)と呼ばれ，からだの成熟が進み人としての形態が整う。

(6　　　　)やアルコール，感染症などは胎児に望ましくない影響を及ぼすおそれがあり，妊娠期・授乳期の体調管理や生活習慣には十分に気をつける必要がある。

知 2 妊娠の時期と胎児の成長についてまとめた表の（　）に適語を記入しよう。

妊娠前期（0～15週）	神経や(1　　　　)，手や足などのほとんどの器官が形成される。
妊娠中期（16～27週）	骨格や筋肉が発達。胎児の手足が子宮壁に当たり(2　　　　)が感じられる。胎児の(3　　　　)が発達，脳の働きも活発になる。
妊娠後期（28～40週）	からだの構造や機能が整ってくる。妊娠9か月ころには(4　　　　)の機能もほぼ成熟し，誕生しても生きられる状態となる。

0～1か月

教p.52~53

知 1 からだの発達について，次の文章の（　）に適切な語句や数字を記入しよう。

0～1か月の乳児は，昼夜の区別なく，寝ては起きる，を繰り返す。

まだ(1　　　　)が低く病気にかかりやすいため，不要不急の外出は避ける。生後1か月の乳幼児健診で発育・発達が順調であれば，外気浴の機会を増やしていく。

生後3～5日までに出生体重の5～10％程度，体重が減少する(2　　　　)が見られる。7～12日で元に戻る。

目は(3　　　　)はわかる。ものの輪郭はぼんやりと捉えられている。耳は聞こえている。先天性難聴を早期に見つけるため，生後(4　　　　)日以内に聴覚スクリーニング検査を受けることが推奨されている。

生まれつき備わっているモロー反射や吸てつ反射などを(5　　　　)という。これらの反射は，脳の発達に伴って，生後(6　　　　)か月ころまでに消失する。

知 2 心の発達について，次の文章の（　）に適語を記入しよう。

0～1か月ころには，生まれながらに備わっている筋肉の動きにより笑っているように見える(1　　　　)が見られる。

快・不快の感覚ははっきりしている。不快は(2　　　　)ことで意思表示をするため，周囲の大人は，赤ちゃんが何を求めているかを考えて応じる必要がある。

2～4か月

教p.54～55

知 1 からだの発達について，次の文章の（　　）に適切な語句や数字を記入しよう。

授乳や睡眠のリズムが徐々に(1　　　　　　　　)となり，昼夜の区別がついてくる。

生後3か月ころには体重は出生時の約(2　　　　　　　)倍となる。腕や足に(3　　　　　　　　)がつく。首がすわると首を自由に動かせるようになり，視界が大きく広がる。たて抱きや(4　　　　　　　　)の姿勢は，見える世界が変わり，周囲のものへの興味や理解も増していく。3・4か月児の乳幼児健診では，(5　　　　　　　　)の発達状況の確認が行われる。

知 2 心の発達について，次の文章の（　　）に適語を記入しよう。

肌がふれあう(1　　　　　　　　)により快の感覚が徐々に発達してくる。

あやすとよく笑い，(2　　　　　　　)が豊かになってくる。(3　　　　　　　)と呼ばれる周囲の人を呼ぶような声を出す。

目の前のものを追いかけて見たり（(4　　　　　　　　))，声や音のする方向に顔を向けたりする。自分の手をじっと見つめたり，手や指をなめたりするなど(5　　　　　　　　)と呼ばれる動作が見られる。

5～7か月

教p.56～57

知 1 からだの発達について，次の文章の（　　）に適語を記入しよう。

首のすわりがしっかりして，食べ物に興味を示すなどのようすが見られたら，(1　　　　　　　)を開始する。(2　　　　　　　　)の開始時期は5～6か月ころが適切な時期とされている。

(3　　　　　　　)して自分から動く姿が見られ始める。また，ひとりで座れるようになってくる。

知 2 心の発達について，次の文章の（　　）に適語を記入しよう。

物をつかむ，引っぱる，音が鳴るものを振るなど，視覚や聴覚，触覚などの(1　　　　　　　)とからだや手指の動きがつながるようになる。

「いないいないばあ」の遊びを喜ぶのは，見えなくなっても消えていないこと，少ししてまた出てくることがわかるといった(2　　　　　　　　)や(3　　　　　　　　)機能の発達が背景にある。

知 3 次の文を読み，今の子育てでよいとされる内容にはA，昔の子育てでよいとされていた内容にはBを記入しよう。

1(　　　　)　食べることを遅らせるとアレルギーの発症頻度が上がるので，「つぶしがゆ」などに慣れてきたら固ゆでした卵黄を離乳初期から試す。

2(　　　　)　離乳食に慣らすために3～4か月ころから果汁を与える。

3(　　　　)　風呂上がりには白湯よりも母乳を優先して与える。

4(　　　　)　アレルギーの心配があるので，卵は離乳食中期まで与えない。

5(　　　　)　おむつは無理に早くはずそうとせず，3歳前後をめやすとする。

8か月～1歳

教p.58～59

知 1 からだの発達について，次の文章の（　　）に適語を記入しよう。

お座りがしっかりすると，両手が自由に使えるようになり，(1　　　　　　　　)の動きがさらに発達する。また，(2　　　　　　　　)で素速く移動できるようになり，つかまり立ちや伝い歩きを始める。

この時期は(3　　　　　　　　)が広がるにつれ，家庭内の事故が起こりやすくなる。子どもの周りの環境を子どもの目線で見直し，(4　　　　　　　　)に整えることが大切である。

知 2 把握の発達はどのように進むか，それぞれの月齢と把握のめやすの図を線で結ぼう。

①3～4か月 → ②5～6か月 → ③7～8か月 → ④10～12か月

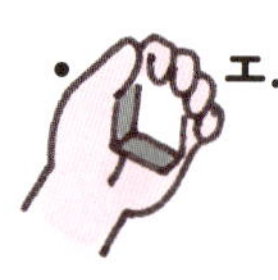

知 3 心の発達について，次の文章の（　　）に適語を記入しよう。

身近な大人との(1　　　　　　　　)関係を基盤として，子どもの世界がどんどん広がり，心もからだも大きく発達する時期である。(2　　　　　　　　)が強く，親が離れると泣きながらはいはいで(3　　　　　　　　)する。快の感情や不快の感情を(4　　　　　　　　)を使って意思表示をする。

1歳

教p.60

知 1 からだや心の発達について，次の文章の（　　）に適語を記入しよう。

(1　　　　　　　　)ができるようになる。小さいものを指でつまんだり，拾ったり，(2　　　　　　　　)をめくったりすることがじょうずになる。(3　　　　　　　　)を積む。クレヨンやペンで(4　　　　　　　　)をする。

(5　　　　　　　　)(単語)を話す。指さしや言葉で思いを伝える。1歳半ころから，やりたいことを自分でやろうとするものの，思い通りにいかないことも増えてきて，強く(6　　　　　　　　)することも増える。他者とは異なる「(7　　　　　　　　)」という存在を形成していく発達過程の表われである。

知 2 次の文を読み，正しいものには○を，まちがっているものには×を記入しよう。

1(　　　　) 1歳ころの子どもは，はいはいや伝い歩きをさかんに行う。

2(　　　　) 1歳ころの子どもは，積み木遊びやクレヨンでのなぐり描きなどもできる。

3(　　　　) 1歳ころは自己主張が激しくなり，イヤイヤ期と呼ばれる。

4(　　　　) 1歳半ころの子どもの強い主張は発達上よくないので，周囲の大人が抑えなければいけない。

2歳

教p.61

知 1 からだの発達について，次の文章の（　　）に適語を記入しよう。

立つ，歩くなどの基本的な(1　　　　　　　　　　)を獲得し，ぶら下がる，両足をそろえて跳ぶなどさまざまな動きを伴って遊ぶ。(2　　　　　　　　)や顔のようなものを描く。

子どものスプーンの持ち方は，発達に応じて変わっていき，上手持ち，下手持ちから，2歳を過ぎるとしだいに正しい持ち方((3　　　　　　　　　　))ができるようになってくる。

知 2 心の発達について，次の文章の（　　）に適語を記入しよう。

「同じ」「違う」「大きい」「小さい」といった(1　　　　　　　　)ができる。現実にはないものごとを他のものに置き換えて表現する(2　　　　　　　　)機能が発達し，簡単な(3　　　　　　　　　)を楽しむ。

できること・やりたいことがはっきりしてきて「自分で（やる）」「イヤイヤ」と強く(4　　　　　　　　)する。「自分でできる」という(5　　　　　　　　)をはぐくみつつも，できないこと，してはいけないことにも少しずつ気づいていく。自分を丸ごと受け止め，寄り添ってくれる身近な大人との関係により，感情を(6　　　　　　　　)したり気持ちを立て直す。

3歳

教p.62

知 1 からだの発達について，次の文章の（　　）に適語を記入しよう。

食事・排泄・衣服の着脱などの(1　　　　　　　　　　)が身につき始める。

走る，跳ぶなどの動作が(2　　　　　　　　　　)よくじょうずにできるようになる。(3　　　　　　　　)を通してさまざまな動きを十分に経験することで，自らの(4　　　　　　　　)を高め，より巧みな動きを獲得する。

知 2 心の発達について，次の文章の（　　）に適語を記入しよう。

(1　　　　　　　　　　)がさかんで，日常生活の場面の再現を繰り返し楽しむ。(2　　　　　　　　)のストーリーがわかり，登場人物と自分を重ねたり，想像を膨らませたりする。また，「なぜ」「どうして」といった(3　　　　　　　　)がさかんになる。

(4　　　　　　　　)で思いを伝えたり，相手のようすを見たり，人の話を聞くなかで，自分の気持ちや行動を(5　　　　　　　　)する。

知 3 次の文を読み，正しいものには○を，まちがっているものには×を記入しよう。

1(　　　　)　3歳ころは，絵本を読んでストーリーを理解することはできるが，想像を膨らませることはできない。

2(　　　　)　2～3歳ころは，一緒に並んでいても別々のことをして遊ぶ「平行遊び」をする姿が見られる。

3(　　　　)　「平行遊び」はひとりで遊んでいるだけで，同じ空間にいる仲間の存在には気づいていない。

4(　　　　)　「平行遊び」から，だんだんと複数の子どもで遊ぶ「集団遊び」へと移行していく。

4歳

教p.63

知 1 からだの発達について，次の文章の（　　）に適語を記入しよう。

(1　　　　　　　　　　)をする(片足で跳ぶ)。さまざまな遊具や遊びに挑戦するなど(2　　　　　　　　)も増す。

はさみなどの(3　　　　　　　　)を使う。スプーンやフォークではなく，(4　　　　　　　　)を使って食べる子も増えてくる。

知 2 心の発達について，次の文章の（　　）に適語を記入しよう。

(1　　　　　　　　)がより豊かになり，(2　　　　　　　　)を持って何かをつくったり，絵を描いたりするようになる。

仲間と思いがぶつかったり，うまくできない自分に直面したりするなかで，少しずつ自分の気持ちに(3　　　　　　　　)をつけることができるようになっていく。できたこと・認められることで(4　　　　　　　　)をつけるなど(5　　　　　　　　)をはぐくむうえで重要な経験を重ねていく。

5歳

教p.64

知 1 からだの発達について，次の文章の（　　）に適語を記入しよう。

なわとびやドッジボールなど，からだ全体を(1　　　　　　　　)させた複雑な動きや(2　　　　　　　　)のある遊びを楽しめるようになる。

幼児期には，特定のスポーツや運動に特化せず，自発的な(3　　　　　　　　)を通して，幼児自らがからだを動かす楽しさや(4　　　　　　　　)を実感することが大切である。

知 2 平成24年に策定された幼児期運動指針では，幼児期の運動の行い方を示している。次の（　　）にあてはまる適切な語句を選択肢から選び，記号で答えよう。

・多様な(1　　　　　　　　)が経験できるようにさまざまな遊びを取り入れること
・楽しくからだを動かす(2　　　　　　　　)を確保すること
・発達の(3　　　　　　　　)に応じた遊びを提供すること

ア．考え　イ．空間　ウ．時間　エ．種類　オ．動き　カ．特性

知 3 心の発達について，次の文章の（　　）に適語を記入しよう。

遊びの準備や片づけをする，行事に向けて(1　　　　　　　　)を持って取り組むなど，先の(2　　　　　　　　)を立てて生活できるようになってくる。

仲間と自己主張してぶつかり合いながら，(3　　　　　　　　)のことも自分のこともよくわかってきて，(4　　　　　　　　)たちでどうすればよいか考えたり，互いに思いやったりする姿が見られるようになる。

動植物の成長や生態，文字の読み書き，(5　　　　　　　　)を数えることなどにも興味を持つ。製作では，(6　　　　　　　　)を持って細かな作業にも取り組み，長い時間をかけてつくりあげることができる。

MEMO

MEMO

MEMO

3章 子どもの生活

1 子どもの生活と養護（生活と養護）

教p.68〜91

Ⅰ 生活と養護

教p.68〜73

知 1 次の文章の（　　）に適語を記入しよう。

子どもは，大人とは異なる(1　　　　　　　　　　)で過ごし，発達過程に応じた(2　　　　　　　　)を必要とする。

子どもは安定した(3　　　　　　　　　　)を身につけると，1日の生活の流れを見通し，これから起こるできごとを期待や(4　　　　　　　　　　)を持って迎えられるようになり，(5　　　　　　　　)に向かっていく。

成長の過程にある子どもは，体調が変わりやすい。また，自分で(6　　　　　　　　)を管理することが難しいため，周囲の大人が子どもの(7　　　　　　　　)や健康に配慮することが大切である。

知 2 WHO（世界保健機関）による「健康」の定義を記入しよう。

「健康とは，病気でないとか，弱っていないということではなく，(1　　　　　　　　)にも，(2　　　　　　　　)にも，そして(3　　　　　　　　)にも，すべてが(4　　　　　　　　)状態にあることをいいます」

知 3 子どもの心身の健康についてまとめよう。

子どもの健康の基盤

●病気やけがなどがない(1　　　　　　　　　　)健康だけではない。
●虐待や(2　　　　　　　　)などがなく，心理的にも精神的にも満たされた状態。
●周囲の環境や(3　　　　　　　　　　)も良好。

周囲の大人が子どもの(4　　　　　　　　　　)を適切に満たしながら，(5　　　　　　　　　　)をする，適切な(6　　　　　　　　)をかけるなど(7　　　　　　　　)なふれあいを行うことで，子どもが一緒にいて(8　　　　　　　　)してくつろげる(9　　　　　　　　)が整い，子どもは成長し自己を形成していく。

知 4 抱っこのしかたについてまとめよう。

(1　　　　　　　　)抱き

(2　　　　　　　　)抱き

知 5 養護の方法についてまとめよう。

抱っこ・おんぶ	子どもに安心感を与え，情緒を安定させる(1　　　　　)である。抱っこひもやおんぶひもを使えば，両手があいた状態になるが，子どもが(2　　　　　)することがないよう注意する。
入浴	からだを清潔にし，(3　　　　　)を整える機会である。新生児は感染予防などの観点から大人と同じ風呂ではなく，(4　　　　　)を用いる（(5　　　　　)）。
外気浴	子どもは外に出ることで，周囲の(6　　　　　)に興味や関心を持つようになる。乳児のうちは，(7　　　　　)予防のため混雑した場所を避け，外出時間が長くなりすぎないように気をつける。
運動と休息	生活のリズムを考えながら，(8　　　　　)の合間に適度な(9　　　　　)をとることができるようにする。
紫外線	適度な日光浴は体内の(10　　　　　)を生成するはたらきがある。しかし，日光の(11　　　　　)をあびすぎると病気や皮膚の老化などの悪影響がある。

思 6 教科書p.68 1「乳児の生活リズムの例」を見て，乳児の生活リズムにはどのような特徴があるか，気づいた点をまとめよう。

MEMO

年　組　番　名前　検印

3章 子どもの生活

1 子どもの生活と養護（栄養と食事①）

教p.68〜91

Ⅱ 栄養と食事　①

教p.74〜77

知 1 次の文章の（　　）に適語を記入しよう。

子どもにとって，(1　　　　　　　　)はとても大切なものである。食べるということは，(2　　　　　　　　)をとるだけではなく，食事を通して人とつながる(3　　　　　　　　　　　　)の場となるなど，大切な役割がある。

決まった時間に食事をとること，はしの使い方や食事前後の(4　　　　　　　　　　　　)が身につくなど，(5　　　　　　　　　　)の伝承や(6　　　　　　　　　　)の形成という意義もある。

近年，核家族化や(7　　　　　　　　　　　)により，子どもの食生活にも変化が生じている。栄養のかたよりや不規則な食事，肥満などによる(8　　　　　　　　　　　　)の増加，食の安全性にかかわる問題などを背景に，2005年に(9　　　　　　　　　　　　)が制定された。

(10　　　　　　　　)は，保育所や幼稚園などでも重要な位置を占めている。

知 2 はしの使い方についてまとめよう。

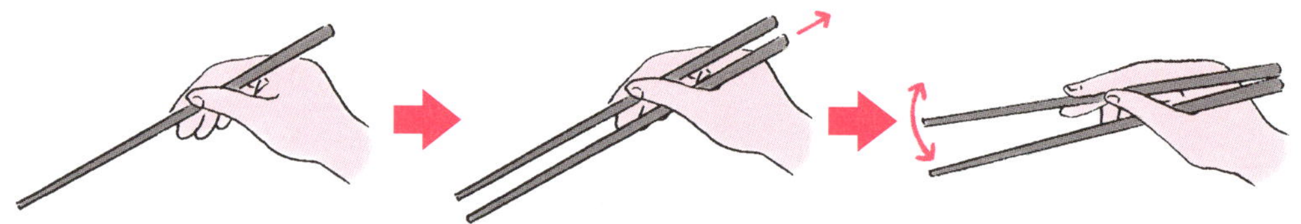

1本めのはしの中央より少し上を，(1　　　　　　)を持つように持つ。	2本めのはしを親指のつけ根につくように通し，(2　　　　　　　)で支える。	はしの先が合うように，(3　　　　　)のはしだけを動かす。

知 3 親が気になる子どもの食行動と，その対処方法をまとめよう。

食行動	対処方法
●食べ物の好き嫌いがある状態… ●食べる時と食べない時の差があること…	
●遊び食べ	

知 4 次の文章の（　　）に適語を記入しよう。

子どもの生活習慣病には(1　　　　　　　　　　)，2型糖尿病，脂質異常症などがあり，多くは(2　　　　　　　　)を伴う。

生活習慣病の予防のためには適切な(3　　　　　　　　)と(4　　　　　　　　)を心がけ，過度の(5　　　　　　　　)や夜食の習慣，(6　　　　　　　　)の生活をさせないよう気をつけることが大切である。

食事からとる(7　　　　　　　　)は活動の(8　　　　　　　　)になり，骨や内臓，筋肉など，(9　　　　　　　　)をつくるもとになる。1日に必要なエネルギーおよび栄養基準は，日本人の(10　　　　　　　　)に示されている。

知 5 食生活指針の考え方に合うものには○，あてはまらないものには×を記入しよう。

1(　　　　) 主食，主菜，副菜を基本に，食事のバランスをとる。
2(　　　　) 食事のバランスを考えるより，好きなものだけを食べる。
3(　　　　) 食塩は控えめにし，脂肪は質と量を考えてとる。
4(　　　　) 野菜・くだもの，乳製品の摂取は控える。
5(　　　　) 住んでいる地域の産物よりも，他の地方の産物を積極的に食事に取り入れる。
6(　　　　) 食料資源を大切に，無駄や廃棄の少ない食生活を心がける。

思 6 5歳児のお弁当メニューを考え，絵と材料をかいてみよう。

主食…	主菜…
	副菜…
	副々菜…

●栄養バランスのよいお弁当となるように主食:主菜:副菜の割合が「3：1：2」となるよう心がけよう。

●弁当献立づくりのポイント
・多様な食材を使っているか（8～10品目をめやすとする）。
・味つけや調理方法が重なっていないか。
・足りない食品群・多すぎる食品群がないか。
（教科書p.77 「幼児向け食事バランスガイド」を参考に）

●お弁当箱の容量＝1日のエネルギー必要量の1/3（1食に必要なエネルギー量）

	1食に必要なエネルギー量	お弁当箱の容量（めやす）
5歳男児	(1　　　　　　)kcal	400ml～450ml
5歳女児	(2　　　　　　)kcal	400ml

3章 子どもの生活

1 子どもの生活と養護（栄養と食事②）

教p.68～91

Ⅲ 栄養と食事　②

教p.78～81

知 1 母乳と人工栄養について，次の文章の（　　）に適語を記入しよう。

乳児は，生まれてからしばらくは乳汁栄養をとる。

乳汁栄養には，(1　　　　　　　)，(2　　　　　　　)(育児用ミルク)，(3　　　　　　　)(母乳と育児用ミルク)がある。

母乳と人工栄養の利点	
母乳	●乳児に最適な栄養素がそろっており，(4　　　　　　　)がよい。 ●分娩後数日間に分泌される(5　　　　　　　)は，感染症から体を守る(6　　　　　　　)を多く含む。 ●胸に抱いて授乳することで，母子共に精神的に安定し，(7　　　　　　　)がはぐくまれる。
人工栄養	●だれでも(8　　　　　　　)できる。 ●授乳した(9　　　　　　　)が正確にわかる。 ●(10　　　　　　　)の心配がなく，(11　　　　　　　)が母乳より多く含まれている。

知 2 授乳後にげっぷを出させるのはなぜだろう。また，このとき乳児をどのように抱くとよいか。教科書p.78を参照し，まとめよう。

●理由…
●抱き方…

知 3 次の文章の（　　）に適語を記入しよう。

乳汁栄養から幼児の食事に移行する過程を(1　　　　　　　)といい，その時に与えられる食事を(2　　　　　　　)という。

乳児は食物をかみつぶして飲みこむことを体験し，しだいに食べられる食品の(3　　　　　　　)や量が増え，献立や(4　　　　　　　)が変化する。

知 4 離乳の進め方や離乳食づくりについて次の文を読み，正しいものには○を，まちがっているものには×を記入しよう。

1(　　　　)　新鮮な材料を用い，十分に加熱して調理する。
2(　　　　)　新鮮な材料を用い，調理後はできるだけ時間をおいてから食べさせる。
3(　　　　)　穀類，野菜・くだもの，たんぱく質をバランスよくとれるようにする。
4(　　　　)　味覚を育てるため，濃い味の味つけを心がける。
5(　　　　)　素材の味をいかすように調理する。
6(　　　　)　食物アレルギーが疑われる場合は，身近にある薬を服用させる。

知 5 食物アレルギー，アナフィラキシーについて，教科書p.81を参照し，まとめよう。

食物アレルギー……

アナフィラキシー…

原因食物……………

知 6 次の文章の（　　）に適語を記入しよう。

幼児期は(1　　　　　　　　　)を形成する時期で，(2　　　　　　　　　　)が出てくる。

食欲が環境に左右されやすく，食べる量の(3　　　　　　　　　)も大きいため，子ども一人ひとりに合った食事を与えるように配慮する。

幼児は栄養を多く必要とするため，3回の食事を(4　　　　　　　　)（おやつ）で補う。決められた(5　　　　　　　)を決められた(6　　　　　　　)に与える。

思 7 幼児におやつを与える際には，どのような点に配慮するとよいか，教科書p.81を参照し，まとめよう。

MEMO

年　組　番　名前　　検印

3章 子どもの生活

1 子どもの生活と養護（衣生活）

教p.68〜91

Ⅳ 衣生活

教p.88〜91

知 1 次の文章や図の（　）に適語を記入しよう。

●衣服には，身体を(1　　　　)かつ(2　　　　)に保ち，(3　　　　)をするなどの役割がある。

●子どもは新陳代謝が活発でたくさん汗をかくため，(4　　　　)や(5　　　　)のよいものを選ぶ。

●体温の調節能力が低いため，(6　　　　)のあるものがよい。素材は(7　　　　)が適している。

●場合によって重ね着をするが，過度な厚着は気温の変化に対する順応力を低下させるため，(8　　　　)を心がける。

●肌着は，縫い目が(9　　　　)側にあり，肌にやさしい素材のものを選ぶ。

知 2 幼児の衣服の選び方についてまとめよう。

知 3 着替えの援助をする際に，子どもが腕や足にけがをしていたらどのようなことに注意するか，まとめよう。

知 4 次の文章の（　　）に適する数字や語句を記入しよう。

子どもは(1　　　　　　　)歳ころになると，尿意や便意を感じ，自分の意思で排泄できるようになる。それまでは腸や膀胱に排泄物がたまると(2　　　　　　　)に排泄される。

知 5 次の文章の（　　）に適語を記入し，下の表におむつの特徴についてまとめよう。

乳児期の排泄は，(1　　　　　　　　　)という形で全面的に大人が援助する。

おむつには，(2　　　　　　)おむつと(3　　　　　　)おむつがあるが，どちらも皮膚を刺激しない(4　　　　　　　　　)素材で，(5　　　　　　　　)・(6　　　　　　　　)に優れているものがよい。

おむつの種類	特徴
布おむつ	
紙おむつ	

MEMO

1章 子どもの保育
2章 子どもの発達
3章 子どもの生活
4章 子どもの文化
5章 子どもの福祉

年　組　番　名前　検印

3章 子どもの生活

2 生活習慣の形成

教p.92~99

Ⅰ 子どもの生活習慣

教p.92~93

知 1 次の文章の（　　）に適語を記入しよう。

子どもは，周囲の大人の養護を受けながら，生きていくために必要な日々の行動である（1　　　　）を身につけていく。

子どもは家庭や公園，保育所や幼稚園などの場で，（2　　　　）を通して成長する。また，多くの子どもがしている（3　　　　）が，生活習慣を身につける場の一部になっている場合もある。

子どもが親の（4　　　　）に合わせて過ごすと，（5　　　　）の不足や，ふさわしくない（6　　　　）の形成など，好ましくない影響を受けることがある。大人の生活に子どもを合わせ過ぎないよう注意する。

知 2 子どもの外遊びや読書の時間などに影響しないように，電子メディアを適切に活用する方法をまとめよう。

Ⅱ 基本的生活習慣

教p.94~96

知 1 次の文章の（　　）に適語を記入しよう。

食事・排泄・睡眠・衣類の着脱・清潔にすることなどの（1　　　　）の習得については，急がせるのではなく，一人ひとりの子どものようすをよく見ながら，その子どもにとっての適切な（2　　　　）に（3　　　　）をしていく。

知 2 基本的生活習慣の習得についてまとめよう。

基本的生活習慣	内容
睡眠	日中に十分に（1　　　　）することで，よりよい（2　　　　）が得られる。（3　　　　）な環境で安心して眠りにつけるよう，環境を整えるようにする。
排泄	排泄の（4　　　　）を感じられることを大事にしながら，根気強く（5　　　　）をしていく。
清潔	清潔を保つことは，身近でかつ最も効果的に（6　　　　）を保つ方法である。 子どもにとって，（7　　　　）は大切な生活習慣の一つである。しかし，子どもが歯ブラシをくわえたまま転倒し，（8　　　　）などの事故が多発している。

Ⅲ 社会的生活習慣

教p.97～99

知 **1** 社会的生活習慣の習得についてまとめよう。

安全教育

火や水，刃物などは取り扱いに注意が必要である。(1　　　　　　)も使い方によりけがの危険がある。活動範囲の広がりに伴い，(2　　　　　　)を学ぶことも大切である。

物やお金とのかかわり

物を大切にすること，すぐに捨てたりせず，(3　　　　　　)できるようにすることを伝える。お金を大切にし，適切な(4　　　　　　)がはぐくまれるようにする。

さまざまな人とのかかわり

子どもは，きょうだいや友だちと(5　　　　　　)を形成する。成長と共に交友関係を広げ，自分と異なる(6　　　　　　)や好み，生活習慣などを持つさまざまな人に出会う。

あいさつ・社会的マナー

あいさつは，さまざまな人とお互いに存在を認め尊重しあうための(7　　　　　　)である。さまざまな場で，お互いに気持ちよく過ごせるよう，(8　　　　　　)を日常生活を通して学んでいく。

思 **2** 早寝早起きは子どもの生活リズムを作るうえで大切な習慣となる。子どもの早寝の習慣はどのようにしたら身につくだろうか，考えて記入しよう。

MEMO

年　組　番　名前　　　　　　検印

3章 子どもの生活

3 健康管理と事故防止（子どもの健康管理）

教p.100〜107

I 子どもの健康管理

教p.100〜103

知 1 子どもの病気の特徴をまとめよう。

子どもの機嫌，(1　　　　　　)，顔色，表情，しぐさ，活動性，体温，睡眠，肌のようす，便の状態などから，子どもの健康状態をとらえていく。(2　　　　　　)子どもの状態を見ていると，小さな(3　　　　　　)にも気づくことができる。

知 2 子どもの病気の原因・ケアについてまとめよう。

病気	原因	ケア
発熱	ウイルス感染，かぜ(感冒)，咽頭炎など	●熱の上がり始めは(1　　　　　　)を感じるため，安静にして汗をかかない程度に(2　　　　　　)する。 ●(3　　　　　　)や湯冷ましなどでこまめに水分をとる。 ●汗をかいた時は早めに(4　　　　　　)させる。
下痢	ウイルス感染，細菌，寄生虫，薬，食事など	●(5　　　　　　)にならないように十分に水分を補給する。 ●食事は量を(6　　　　　　)にし，消化のよいものにする。 ●こまめにおむつを交換したり，シャワーで洗ったりするなど(7　　　　　　)にする。
嘔吐	胃腸炎，腸閉塞，尿路感染症，頭部外傷など	●子どもが吐きそうな時は，(8　　　　　　)に嘔吐物が詰まらないように気をつける。 ●(9　　　　　　)ができる場合はさせ，口のなかや周りをきれいに洗う。
けいれん	熱性けいれん，てんかん，髄膜炎，脳炎など	●からだを(10　　　　　　)向きにし，楽に呼吸できるよう，衣服をゆるめる。

知 **3** **次の文章の（　　）にあてはまる適切な語句を選択肢から選び，記号で答えよう。**

乳幼児健診(乳幼児健康診査)は，母子保健法にもとづいて市町村が行う。市町村の保健センターなどで行う(1　　　　　　　)や，医療機関に委託して行われる(2　　　　　　　)がある。

乳幼児健診は，親子にとって子育てに関する(3　　　　　　　)の機会にもなり，適切な支援へつなぐ役割としても重視される。

(4　　　　　　　)は，疾病に対する免疫の効果を得るために，予防に有効なワクチンを接種することをいう。接種義務がある(5　　　　　　　)と，希望者が受けられる(6　　　　　　　)に分けられる。

ア．予防接種	イ．定期接種	ウ．相談	エ．集団健診
オ．任意接種	カ．個別健診		

知 **4** **乳幼児健診の健康課題についてまとめよう。**

思 **5** **休日や夜間の子どもの病気やけがの症状にどのように対処したらよいのか判断に迷った際に相談できる「＃8000」について調べ，どのような事業かまとめよう。**

MEMO

3章 子どもの生活

3 健康管理と事故防止（事故の防止と応急処置） 教p.100～107

Ⅱ 事故の防止と応急処置 教p.104～107

知 1 次の文章の（　）に適語を記入しよう。

乳幼児期の子どもは，心身の育ちと共にできることが増え，(1　　　　　)も広がる一方で，さまざまな(2　　　　　)にあう危険もある。

子どもの死因の上位は交通事故，転落・転倒，窒息などによる(3　　　　　)である。

起こりやすい事故を知り，身の回りを子どもの(4　　　　　)で確認する。

子どもからできるだけ目を離さず，さまざまなルールや道具の使い方，安全な行動などを繰り返し伝える(5　　　　　)も必要である。

知 2 子どもの窒息の原因となりやすいものをまとめよう。

食物………
日用品……
その他……

知 3 窒息・誤飲事故の時の応急処置についてまとめよう。

1歳未満の幼児　背部叩打法（こうだ）

1歳以上の幼児　腹部突き上げ法

知 4 溺水・水回りの事故，転落・転倒事故についてまとめよう。

●溺水・水回りの事故……子どもは，10cmの深さの水でも(1　　　　　)ことがある。

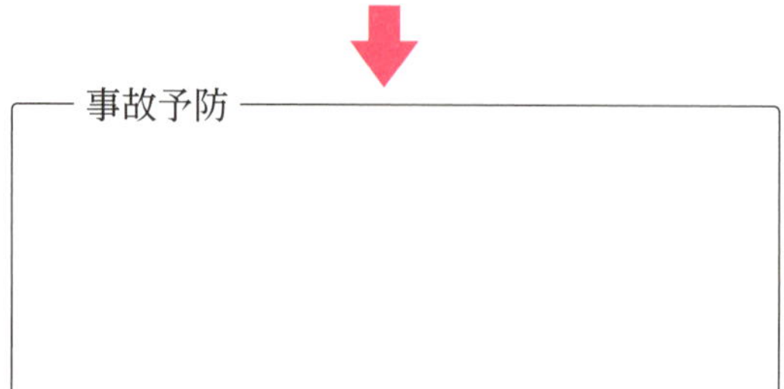

事故予防

●転落・転倒事故……乳児は全身に対して，(2　　　　　)が大きく重いため，転落・転倒すると頭を強く打ちやすい。2～3歳になると，高さのあるベランダや窓からの転落も起こる。

事故予防

知 5 **応急処置や心肺蘇生法についてまとめよう。**

応急処置

鼻血

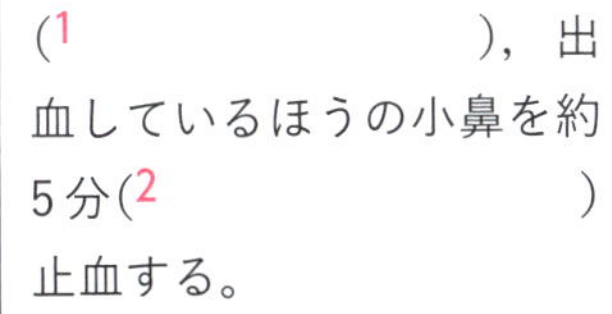

(1　　　　　　　　), 出血しているほうの小鼻を約5分(2　　　　　　　　)止血する。

傷などの出血

(3　　　　　　)で傷を洗い, ガーゼやハンカチをあてて(4　　　　　　)する。

やけど

患部を直接または衣服の上から(5　　　　　　)で冷やす。水ぶくれを(6　　　　　　　　)。

心肺蘇生法

119番通報をして救急車がくるまでの間, (7　　　　　　　　　)を行い, (8　　　　　　　　)(自動体外式除細動器)を使用して救命活動をする。

➡①胸骨圧迫30回：強く, 速く, (9　　　　　　　　　)胸を圧迫する。

②気道確保と(10　　　　　　　　　)2回。

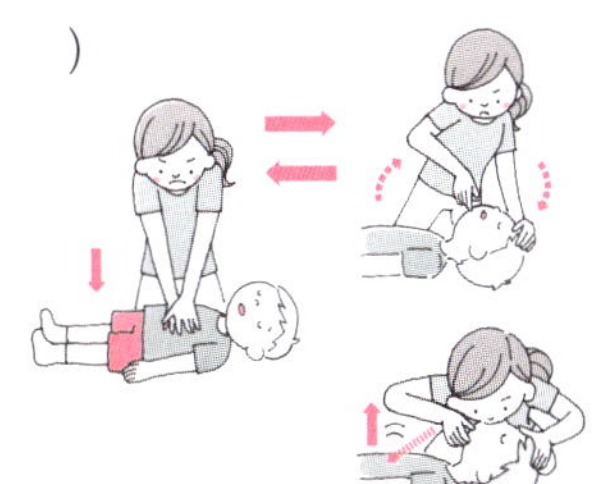

思 6 **子どもの事故を防ぐためには, 子どもの周囲の大人たちが子どもの身の回りの環境に注意を払い対策を立てることが大切である。下記の「事故の原因になりやすいもの」に対してどのような予防をしたらよいか考えて記入しよう。**

事故の原因になりやすいもの	どのような予防をしたらよいか
ビニール袋	
ストーブ	
浴槽	

MEMO

離乳食をつくってみよう

子どもの発達段階を考慮して，栄養バランスに配慮した離乳食をつくってみよう。

<table>
<tr><td colspan="4">実習日時
月　　日（　　）　　時間目</td></tr>
<tr><td colspan="4">テーマ</td></tr>
<tr><td colspan="2">料理名</td><td colspan="2">対象月齢
か月</td></tr>
<tr><td rowspan="2">完成図・盛りつけ図</td><td rowspan="2" colspan="2">材料と分量（　　人分）</td><td>費用
円</td></tr>
<tr><td>調理所要時間
分</td></tr>
<tr><td colspan="4">調理の手順とポイント</td></tr>
<tr><td colspan="4">工夫した点</td></tr>
<tr><td rowspan="2">感想・反省</td><td colspan="3">自己評価</td></tr>
<tr><td colspan="3">①対象月齢に適しているか　A――B――C
②テーマに合っているか　A――B――C
③いろどりがよく，食欲をそそるか　A――B――C
④使用食材や味つけが適しているか　A――B――C
⑤子どもが食べやすいか　A――B――C
⑥量は適切か　A――B――C
⑦手間がかかりすぎていないか　A――B――C</td></tr>
</table>

幼児食をつくってみよう

さまざまな食材を使って，栄養バランスに配慮した幼児食をつくってみよう。

実習日時

月　　日（　　）　　時間目

テーマ

料理名

対象年齢

歳

完成図・盛りつけ図

材料と分量（　　人分）

費用

円

調理所要時間

分

調理の手順とポイント

工夫した点

感想・反省

自己評価

①対象年齢に適しているか	A――B――C
②テーマに合っているか	A――B――C
③おいしくできたか	A――B――C
④安全で安心な料理か	A――B――C
⑤子どもが食べやすいか	A――B――C
⑥子どもが喜ぶ色彩・盛りつけか	A――B――C
⑦手間がかかりすぎていないか	A――B――C

MEMO

MEMO

年　組　番　名前　検印

1 子どもの文化の意義と支える場

教p.110〜117

I 子どもの文化

教p.110〜115

知 1 次の文章の(　)に適語を記入しよう。

子どもの文化	子どもの文化とは，子どもの(1　　　　　　　)の全体をいう。 ※子どもに関する法律や制度，宗教，信仰，子どもの生活の場や衣食住など。 ●おもちゃやおはなし，歌などの(2　　　　　　　) ●おはなし会や人形劇などの(3　　　　　　　) ●児童文化センターや児童館などの(4　　　　　　　) ●子ども自身が主体となってつくりだした(5　　　　　　　)や活動

時代の変化にも影響を受けながら，子どもと(6　　　　　　　)が共につくりだし，受け継がれていく。

知 2 子どもの文化について，次の文章の(　)に適語を記入しよう。

子どもは文化のつくり手であり，(1　　　　　　　)でもあるが，同時にその文化のなかで育ちゆく存在でもある。したがって子どもの文化は，子どもの心身のすこやかな(2　　　　　　　)に大きな影響を与える。

近年は，習いごとをしている子どもも多く，集中して遊べる(3　　　　　　　)や(4　　　　　　　)の減少に伴い，子どもの文化も変容していると考えられる。

知 3 児童文化財にはどのようなものがあるか，まとめよう。

知 4 さまざまな児童文化財について，次の文章の(　)に適語を記入しよう。

・(1　　　　　　　)…ジャングルジム，鉄棒など，遊ぶ場所に固定された大型の遊具。さまざまな遊びや子ども同士のかかわりを生み，葛藤や充実感を味わう。定期点検や修理がされているかなど，(2　　　　　　　)や(3　　　　　　　)に配慮する。

・(4　　　　　　　)…積み木，ブロック，ボール，人形など，主に手に持って遊ぶもの。だれもが使っていて楽しく，じょうぶで(5　　　　　　　)であることが求められる((6　　　　　　　))。

・(7　　　　　　　)…絵と言葉が補いあって表現された本。大人が絵本を読むことで，子どもは大人に親しみを抱く。小さい子どもは言葉の音や(8　　　　　　　)のひびきを楽しみ，大きくなると自分の(9　　　　　　　)と重ねあわせて想像を楽しむ。

・(10　　　　　　　)…毎年同じ時期に繰り返し行われる行事。

Ⅱ 子どもの文化を支える場

教p.116~117

知 1 次の（　　）に適語を記入しよう。

(1　　　　　　　　)…児童文化財を提供し，子どものための文化活動を行う施設や場。

(2　　　　　　　　)	子どもに適切な児童文化財や(3　　　　　　　　)活動の場を提供する施設。
(4　　　　　　　　)	子どもを対象とする図書館。資料の貸しだしの他，おはなし会や映画会などの(5　　　　　　　　)活動などを行う。
(6　　　　　　　　)	遊びや生活，(7　　　　　　　　)支援を通して，子どもの心身のすこやかな成長を支えるための施設。遊びを指導する(8　　　　　　　　)が配置されている。
(9　　　　　　　　)	ジャングルジムなどの(10　　　　　　　　)が設置され，児童公園と相互補完的な役割を持つ。

思 2 子どもにかかわる風習や伝統行事を一つ取り上げ，その由来を調べてみよう。

●取り上げる風習や伝統行事など：
●由来：

MEMO

4章 子どもの文化

2 子どもの遊びと表現活動

教p.118〜123

Ⅰ 遊びと発達

教p.118

知 1 次の文章の（　）にあてはまる適切な語句を選択肢から選び，記号で答えよう。

(1　　　　)は子どもの生活のほとんどを占める。子どもの(1)はそれ自体が(2　　　　)である。夢中になって遊び，(3　　　　)を味わうことで，子どもは心身共にすこやかに育つ。

子どもは(1)のなかで，(4　　　　)に従い自己を(5　　　　)する力を身につける。子どもの(6　　　　)的な(1)は心身の調和のとれた発達を支える。

ア．ルール	イ．睡眠	ウ．遊び	エ．目的	オ．方法	カ．疲労感
キ．充実感	ク．コントロール	ケ．表現	コ．自発	サ．受動	

知 2 遊びの分類について，次の表の（　）に適語を記入しよう。

乳児期から	(1　　　　)遊び	見る・聞く・さわるなどの感覚を楽しむ遊び
	(2　　　　)遊び	からだを動かして楽しむ遊び
1歳ころから	(3　　　　)遊び	見たり聞いたりして楽しむ遊び
2歳ころから	(4　　　　)遊び (模倣遊び)	生活のなかで目にしたことを真似し，再現する遊び
	(5　　　　)遊び	素材を使ってものをつくりだす遊び

Ⅱ 遊びと表現活動

教p.119〜123

知 1 表現活動の種類について，次の図の（　）に適語を記入しよう。

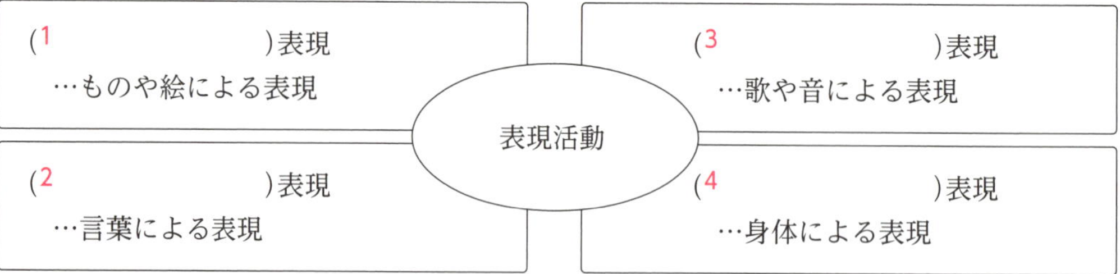

知 2 造形表現・描画表現活動について，次の文章の（　）に適語を記入しよう。

造形表現の基本となる粘土遊びや砂遊びは，子どもの好奇心を刺激する。これらの遊びを繰り返すことでものの(1　　　　)に気づき，(2　　　　)力や(3　　　　)性がはぐくまれる。

造形表現・描画表現は，つくったり描いたりする(4　　　　)に意味がある。子どもが自ら工夫して(5　　　　)的にかかわることができる環境を整えることが子どもの豊かな表現を促すことにつながる。

知 3 言語表現活動や身体表現活動について，次の文章の（　　）に適語を記入しよう。

●大人は子どもの表情や行動をよく見て，（1　　　　　　　　　　）の表現を受け取り，言葉をかけるようにする。さまざまな遊びを通して，言葉のおもしろさ，言葉で表現する楽しさを感じ，言葉に対する（2　　　　　　　　　　）が養われるようにする。子どもは生活体験やおはなし体験から，（3　　　　　　　　　　）を展開したり，劇遊びに発展させたりする。これらの遊びは，感じたことや考えたことを言葉で（4　　　　　　　　　　）機会となる。

●子どもは心地よい音やリズムに出会うと，近くにいる子どもと共感しあい，楽しい気持ちを（5　　　　　　　　　　）で表現する喜びを感じる。大人がわらべうたや遊び歌でうたいかけると，子どもは一緒にうたったり動いたりしようとする。大人は子どもの（6　　　　　　　　　　）に合わせて，子どもの表現がより（7　　　　　　　　　　）なるようかかわることが大切である。

知 4 映像メディアや電子メディアについて，教科書p.122〜123を参照して表にまとめよう。

メディアの種類	よい点	問題点
映像メディア（テレビやDVD）		
電子メディア（スマートフォンやタブレット端末）		

思 5 手遊び，指遊びを調べてまとめてみよう。

	歌と遊び方
1　手遊び	
2　指遊び	

MEMO

1章 子どもの保育
2章 子どもの発達
3章 子どもの生活
4章 子どもの文化
5章 子どもの福祉

幼児のおもちゃをつくってみよう

幼児の発達に合った手づくりのおもちゃをつくってみよう。

<table>
<tr><td colspan="4">テーマ</td></tr>
<tr><td colspan="2">作品名</td><td colspan="2">対象年齢
歳</td></tr>
<tr><td rowspan="2">完成図</td><td rowspan="2">材料・用具</td><td colspan="2">費用
円</td></tr>
<tr><td colspan="2">制作所要時間
時間</td></tr>
<tr><td colspan="4">製作の手順と方法</td></tr>
<tr><td colspan="4">遊び方</td></tr>
<tr><td colspan="4">工夫した点</td></tr>
<tr><td rowspan="2" colspan="2">感想・反省</td><td colspan="2">自己評価</td></tr>
<tr><td>①対象年齢に適しているか
②テーマに合っているか
③丈夫で耐久性があるか
④安全か
⑤遊び方が工夫できるか
⑥子どもが喜ぶデザイン・色彩か</td><td>A――B――C
A――B――C
A――B――C
A――B――C
A――B――C
A――B――C</td></tr>
</table>

市販のおもちゃを調べてみよう

デパートや量販店のおもちゃ売り場に行き，市販されているおもちゃの市場調査をしよう。あなたが惹(ひ)かれたおもちゃを1点選び，次の内容を記入しよう。

おもちゃの名前	価格 円
メーカー	使用されているキャラクター（あれば）
対象 歳児　〜　歳児	○をつけよう 男児用　女児用　共用

利用(遊ぶ)場所は
・屋外→たとえば（　　）
・屋内→たとえば（　　）
・その他（ベビーカーや車中，浴室など→　　）

遊び方　あてはまるものに○をつけよう	おもちゃの利用人数は
・手先を使う遊び　・全身を使う遊び ・創造する遊び　・模倣する遊び ・感性が磨かれる遊び　・思考する遊び	・一人専用 ・複数で遊ぶ 人　〜　人位

・その他(　　)

それぞれの項目について簡潔にまとめよう
①デザイン
②色彩
③耐久性
④安全性
⑤認定マーク

あなたは子どもに買い与えたいと思うか→　・思う　・思わない
＊その理由は

感想

折り紙の教え方を体験しよう

子どもたちに教えると想定して，友だちに折り紙を教えてみよう。

【やり方】

1．折り紙の折り方が書いてある本などから，あなたや友だちが知らない折り方を 1 つ選び，まずあなたが折り方図を見ながら折ってみよう。
2．どこが難しかったか，折り方図のわかりにくかった箇所を記録しよう。
3．子どもたちにどう伝えるか，対象になる子どもの年齢を意識して，わかりやすい言葉(例：カドを合わせて，真ん中の線に合わせてなど)で，折り方を友だちに教えてみよう。
4．でき上がった作品を添付しよう。
5．教えてあげた友だちから，わかりやすかったところ，わかりにくかったところなどの感想を聞いてみよう。
6．あなた自身が，教えてみて感じたことをまとめよう。

<table>
<tr><td>折り紙の題名</td><td>対象
歳児位</td></tr>
<tr><td colspan="2">わかりにくいところ・教える時のポイントなど</td></tr>
<tr><td colspan="2">＊それぞれを添付しよう</td></tr>
<tr><td>あなたの作品</td><td>友だちの作品(教えながら折った作品)</td></tr>
<tr><td colspan="2">友だちの感想・アドバイス</td></tr>
<tr><td colspan="2">あなたの感想・反省点</td></tr>
</table>

子どもの絵本を探してみよう

子どもに読み聞かせしたい絵本を選び，その絵本についてまとめよう。

本の題名	
作　者	出版社
形・大きさ・厚さ・重さ	価　格 円
対象年齢 歳児向け	ページ数 ページ
本の分野（○をつける） ●物語・創作　●昔話・民話　●科学の話　●言葉遊び　●その他（　　　）	
本の内容	
絵や文章の特徴	
読後の感想	

MEMO

MEMO

MEMO

MEMO

年　組　番　名前　検印

5章 子どもの福祉

1 子ども観

教p.136〜139

I 子ども観の変遷

教p.136〜137

知 1 次の文章の（　）に適語を記入しよう。

子ども観は，子どもをどのような(1　　　　　　)としてとらえるか，という視点のことである。(2　　　　　　)や地域によって，あるいは(3　　　　　　)によって，さまざまな違いがある。

●子ども観の変遷

	近代以前	近代以降
西洋	●子どもは幼児期を過ぎるとすぐに大人の社会に入って働き，徒弟制や見習奉公など(4　　　　　　)のなかで育っていった。 ●(5　　　　　　)の状況のなか，子どもはできるだけ(6　　　　　　)成長することが望まれた。	●医学の進歩によって子どもの死亡率が低下し，(7　　　　　　)の社会へと移り変わると，夫婦とその子どもによる近代的な(8　　　　　　)が成立するようになった。 ●共同体が衰退していくなかで，子どもを保護し教育する目的で(9　　　　　　)が普及，発展していった。
日本	●子どもを(10　　　　　　)に近い存在として歓迎し，その成長を願う見方がある一方で，貧しさや生活苦を理由に「(11　　　　　　)」「子殺し」が選ばれることもあった。	●明治時代……子どもを国家を担う(12　　　　　　)として(13　　　　　　)の対象ととらえるようになり，学校に通うようになった。 ●大正時代……子どものための童話や(14　　　　　　)が生まれ，(15　　　　　　)も創刊。

知 2 ドイツの教育者フレーベルの子ども観をまとめよう。

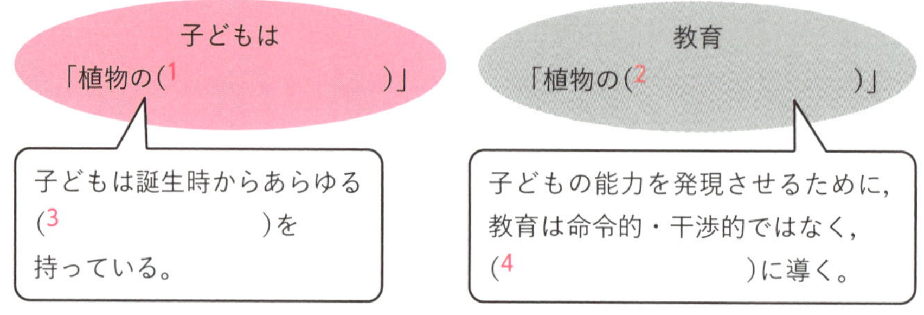

Ⅱ 権利の主体としての子どもへ

教p.138〜139

知 **1** 子どもの権利条約ができるまでについて，次の年表の（　　）にあてはまる適切なものを選択肢から選び，記号で答えよう。

年	内容
1948年	(1　　　　　　　　) 「すべての人は平等であり，それぞれが同じ権利を持つ」とした宣言
1959年	(2　　　　　　　　) 「子どもは子どもとしての権利をそれぞれ持つ」とした宣言
1979年	(3　　　　　　　　) （　2　）20周年
1990年	(4　　　　　　　　) 国際条約として発効

日本では，
1951年
(5　　　　　　　　)制定

日本は
(6　　　　　　　　)年批准

ア．国際児童年　イ．児童憲章　ウ．児童の権利宣言　エ．世界人権宣言
オ．子どもの権利条約　カ．児童の権利に関するジュネーブ宣言
キ．1994　ク．2019

思 **2** 教科書p.138「Topic」を参考に，子どもに関するSDGsの目標のなかからあなたが関心を持った目標を一つ選び，その目標に関心を持った理由とあわせて記入しよう。

私が関心を持った子どもに関するSDGsの目標：
関心を持った理由：

MEMO

年　組　番　名前　　検印

2 子どもの福祉（児童福祉）

教p.140〜149

I 児童福祉

教p.140〜143

知 1 次の文章の（　　）に適語を記入しよう。

子どもの幸福とその実現に必要なことについて学ぶ分野が(1　　　　　　　　)である。

大人は，同じ社会に生きるかけがえのない存在として，子どもの(2　　　　　　　　)や幸福を保障する(3　　　　　　)を負っている。

児童福祉法は，すべての児童の福祉を支援する法律であり，保護者だけでなく，国や地方自治体も共に(4　　　　　　)を負うという理念を明らかにしている。

知 2 児童福祉六法の法律名と内容を線で結ぼう。

法律名		内容
児童福祉法 1947年制定 ①・		・**ア**．母子・父子家庭及び寡婦の生活の安定と向上のため，福祉資金の貸付，雇用の促進，母子・父子福祉施設などについて規定している。
児童扶養手当法 1961年制定 ②・		・**イ**．18歳未満の子どもを育てるひとり親家庭などの家庭の養育者に手当を支給し，子どもの福祉増進をはかる。
母子及び父子並びに寡婦福祉法 1964年制定 ③・		・**ウ**．子どもを養育している者を対象に児童手当を支給する。
母子保健法 1965年制定 ④・		・**エ**．18歳未満の子どもを対象とした日本最初の福祉法。施設への入所措置，一時保護などを規定。
特別児童扶養手当の支給に関する法律 1964年制定 ⑤・		・**オ**．精神または身体に障害を持つ児童について特別児童扶養手当を支給するなど，福祉の増進をはかる。
児童手当法 1971年制定 ⑥・		・**カ**　母子健康手帳の交付，保健指導，健康診査，医療などの措置が規定されている。

知 3 子どもの権利条約についてまとめよう。

子どもの権利条約は，子どもを「権利を持つ(1 　　　　　　)」として位置づけている。子どもの権利は主に次の四つにまとめられる。

生きる権利

すべての子どもの(2 　　　　　　)が守られること。

育つ権利

もって生まれた能力を十分に伸ばして成長できるよう，(3 　　　　　　)や(4 　　　　　　)，生活への支援などを受け，友だちと遊んだりすること。

守られる権利

(5 　　　　　　)や搾取，有害な(6 　　　　　　)などから守られること。

参加する権利

自由に(7 　　　　　　)を表したり，団体をつくったりできること。

MEMO

年　組　番　名前　　　　　　　　検印

5章 子どもの福祉

2 子どもの福祉（子どもをとりまく課題と対策）

教p.140〜149

Ⅱ 子どもをとりまく課題と対策

教p.144〜146

知 1 児童虐待について，表の（　　）にあてはまる適切な語句を選択肢から選び，記号で答えよう。

●虐待の定義

(1　　　　)	殴る，蹴る，たたく，投げ落とす，激しくゆさぶる，やけどを負わせる，溺れさせる，首を絞める，縄などにより一室に拘束する　など
(2　　　　)	子どもへの性的行為，性的行為を見せる，性器をさわる又はさわらせる，ポルノグラフィの被写体にする　など
(3　　　　)	家に閉じこめる，食事を与えない，ひどく不潔にする，自動車のなかに放置する，重い病気になっても病院に連れて行かない　など
(4　　　　)	言葉による脅し，無視，きょうだい間での差別的扱い，子どもの目の前で家族に対して暴力をふるう(DV：(5　　　　))，きょうだいに虐待行為を行う　など

ア．心理的虐待　　イ．ネグレクト　　ウ．身体的虐待
エ．ドメスティック・バイオレンス　　オ．性的虐待

知 2 次の文章の（　　）に適語を記入しよう。

虐待を防ぐためには，(1　　　　　　)と(2　　　　　　)が重要である。

児童福祉法にもとづき，すべての国民は，児童虐待が疑われる場合には(3　　　　　　)に相談・通告する義務がある。

(4　　　　　　)では，保育者や教員など子どもとかかわる職業の者は，とりわけその早期発見に努めなければならないことが定められている。また，保護者から子どもへの(5　　　　　　)を禁止している(2019年改正法による)。

知 3 児童相談所虐待相談ダイヤル「189（いちはやく）」についてまとめよう。

→ (1　　　　　　)に電話する。

●児童相談所に通告・相談ができる(2　　　　　　)の電話番号。
●相談は匿名で行うこともできる。
●通告・相談をした人，内容に関する秘密も守られる。

知 **4** 次の文章の（　　）に適語を記入しよう。

保護者が「(1　　　　　　　　)」と称して暴力・虐待を行い，それを子育て行為として正当化することがある。

たたくなどの(2　　　　　　　　)が繰り返されると，子どもの心身の成長・発達にさまざまな悪影響が生じる可能性がある。

知 **5** 「しつけ」とはどのようなことか。また，体罰によらずに，子どもにはどのように伝えるとよいだろうか。（　　）に適語を記入しよう。

「しつけ」とは

●子どもの(1　　　　　　　　)や才能を伸ばす。

●子どもの(2　　　　　　　　)を支援していくこと。

子どもへの伝え方

●どうすればよいのかを(3　　　　　　　　)や(4　　　　　　　　)を示すなど本人が(5　　　　　　　　)できる方法で伝える。

思 **6** あなたの友人が児童虐待をしそうになっていたら，あなたは児童虐待を防ぐために友人や子どもに何ができるか考えて記入しよう。

MEMO

1章 子どもの保育

2章 子どもの発達

3章 子どもの生活

4章 子どもの文化

5章 子どもの福祉

2 子どもの福祉（子どもが育つ社会環境）教p.140〜149

Ⅲ 子どもが育つ社会環境 教p.147〜149

知 1 次の文章の（　　）に適語を記入しよう。

子どもを生み，育てていくためには，家庭の努力だけではなく，さまざまな（1　　　　　）が必要である。

妊娠や出産，（2　　　　　）について，さまざまな法律や条約がある。

知 2 妊娠・出産・育児に関する法律や条約について，表の（　　）にあてはまる適切な語句や数字を選択肢から選び，記号で答えよう。

（1　　　　　） 1922年制定	●保険給付として，出産・（2　　　　　）一時金，出産手当金の支給。
（3　　　　　） 1947年制定	●生理休暇，産前（6週間）産後（8週間）の休業，育児のための就業時間の短縮，妊産婦の（4　　　　　）労働・時間外労働・休日労働の制限。
（5　　　　　） 1965年制定	●母子健康手帳の交付・妊産婦の健康診査・新生児の訪問指導など，種々の母子保健事業の実施。
（6　　　　　） 1979年国連総会で採択 1985年日本批准	●妊娠・母性休暇を理由とする（7　　　　　）の禁止，親の家庭責任と職業上の責務および社会活動への参加保障・援助・促進など。
（8　　　　　） 1985年制定	●女性労働者が母性を尊重されながら，仕事と家庭の調和がはかれるようにする。 ●（9　　　　　）を禁止する。
（10　　　　　） 1991年制定 育児・介護休業法 1995年制定	●父母一人ずつが取得する際は子どもが（11　　　　　）歳になるまで，父母が共に取得する際は1歳2か月まで（保育所に入所できないなどの理由がある際は最長（12　　　　　）歳まで），育児のための休業を認める。 ●法律上の親子関係である実子・養子の他，特別養子縁組の監護期間の子，養子縁組里親に委託されている子といった法律上の親子関係に準じる関係にある子にも適用される。

ア．母子保健法　イ．男女雇用機会均等法　ウ．育児休業等に関する法律
エ．健康保険法　オ．労働基準法　カ．1　キ．2
ク．女子差別撤廃条約　ケ．深夜　コ．解雇　サ．育児　シ．性差別

知 3 世界の子どもたちの現状について，次の文章の（　　）に適語を記入しよう。

●多くの子どもたちが，いまだに(1　　　　　　　　　　)な環境で暮らし，幼くして命を落としている。

●生きるため，そして家族を養うために，過酷な(2　　　　　　　　　　)を強いられ，教育の機会を奪う大きな要因となっている。

●戦争や(3　　　　　　　　　　)は，子どもの生育環境を著しく侵害し，育つ機会を奪う。子ども自身が「少年兵」「(4　　　　　　　　　　)」として奴隷状態で戦闘に加わることもある。

●女子は男子に比べ，(5　　　　　　　　　　)を保障されず，(6　　　　　　　　　　)や性的搾取の対象になるなど深刻な課題を抱えている。

知 4 先進国の子どもの現状について，あてはまるものには○，あてはまらないものには×を記入しよう。

1(　　　　　) 先進国であっても，国内の経済的格差が子どもの育つ環境に大きな影響を及ぼしている。

2(　　　　　) 日本は世界で最も子どもの死亡率が高く，身体的健康度が低い。

3(　　　　　) 日本は他の国に比べ子どもの精神的幸福度が低い。

4(　　　　　) 日本の子どもには，家庭・学校・地域のなかで，性別による不当な差別はまったく見られない。

MEMO

年　組　番　名前　検印

5章 子どもの福祉

3 子育て支援

教p.150〜155

Ⅰ 子育て支援からパートナーシップへ

教p.150〜151

知 1 2015年に始まった「子ども・子育て支援新制度」の目的をまとめよう。

知 2 次の文章の（　　）に適する数字や語句を記入しよう。

国は2020年に少子化社会対策大綱を策定した。

目標として，「希望出生率(1　　　　)」の実現を掲げ，(2　　　　)や妊娠・出産の支援，男女共に仕事と子育てを(3　　　　)できる環境の整備など，ライフステージに応じた少子化対策に取り組むこととしている。

(4　　　　)に向けて，男女が共に家庭責任を果たし，仕事のできる環境が求められている。しかし，現状で母親に比べ父親の(5　　　　)の取得率は低く，家事・育児時間も国際比較で見ても短い。

仕事と生活の調和（(6　　　　)）をはかり，育児と両立して女性も男性も働きやすい社会環境を確保することが重要である。

Ⅱ 社会的養護

教p.152〜153

知 1 次の文章の（　　）に適語を記入しよう。

保護者のない児童や，保護者に監護させることが適当でない児童を，公的責任で社会的に養育し，保護することを(1　　　　)という。

社会的養護は，乳児院や児童養護施設などの(2　　　　)と，里親や特別養子縁組などの(3　　　　)に分けられる。

里親制度は，社会的養護にある子どもを(4　　　　)に迎え入れ，家庭的な環境のもとで養護する制度である。

知 2 次の里親の名称と説明で，合うものを線で結ぼう。

名称	説明
養子縁組里親　①・	・ア．週末や長期休暇などに子どもを養育する。
季節・週末里親　②・	・イ．18歳未満の子どもを，家庭に戻るまでの間や自立するまでの間，養育する。
養育里親　③・	・ウ．養子縁組を結ぶことを前提とし，養子縁組が成立するまでの間，里親として一緒に生活する。

Ⅲ 地域の子育て支援

教p.154~155

知 **1** **次の文章の（　　）に適語を記入しよう。**

核家族化，地域のつながりの減少など，現代の子育て家庭をとりまく環境は，子育てが(1　　　　　　　　)し，子育ての負担感，不安感も感じやすい。こうしたなか，地域社会で子育てを支えることを目的とした(2　　　　　　　　　　　　)がある。

知 **2** **地域子育て支援事業について，表の（　　）にあてはまる適切な語句を選択肢から選び，記号で答えよう。**

(1　　　　)	子育て中の親子が気軽に集い，子育て家庭同士の交流や子育ての不安・悩みを相談できる場を提供する。
(2　　　　)	生後4か月までの乳児のいるすべての家庭を訪問してさまざまな不安や悩みを聞き，子育て支援に関する必要な情報提供を行う。
(3　　　　)	赤ちゃん訪問事業などにより，保護者の養育を支援することが特に必要と判断される家庭に対して，保健師・助産師・保育士などが訪問し，養育に関する相談支援や育児・家事援助などを行う。
(4　　　　)	子どもの預かりの援助を受けることを希望する者と援助を行うことを希望する者とをつなぎ，連絡・調整を行う。

ア．養育支援訪問事業　　**イ**．赤ちゃん訪問事業
ウ．ファミリー・サポート・センター事業　　**エ**．地域子育て支援拠点事業

思 **3** **配偶者が出産した男性の育児休業取得率は，出産した女性の取得率と比較して低い。男性の育児休業取得を促進するためには，どのような制度やしくみが必要か，調べてまとめよう。**

MEMO

MEMO

MEMO

MEMO

MEMO

視聴覚教材学習の記録

視聴覚教材学習の記録①

<table>
<tr><td colspan="2">テーマ

</td></tr>
<tr><td>学習日
　　　　月　　　日(　　)　　　時間目</td><td>場所</td></tr>
<tr><td colspan="2">内容

</td></tr>
<tr><td colspan="2">感想

</td></tr>
</table>

視聴覚教材学習の記録②

<table>
<tr><td colspan="2">テーマ

</td></tr>
<tr><td>学習日
　　　　月　　　日(　　)　　　時間目</td><td>場所</td></tr>
<tr><td colspan="2">内容

</td></tr>
<tr><td colspan="2">感想

</td></tr>
</table>

振り返りシート

―学んだ知識や技術を振り返り，子どもや保育への理解を深めていこう―

1章　子どもの保育	2章　子どもの発達
あなたはこの単元の学習を通して，どのようなことができるようになりたいですか？	あなたはこの単元の学習を通して，どのようなことができるようになりたいですか？
自己評価　学んだことを，保育のどの場面で，どのように活かしますか？	自己評価　学んだことを，保育のどの場面で，どのように活かしますか？
3章　子どもの生活	**4章　子どもの文化**
あなたはこの単元の学習を通して，どのようなことができるようになりたいですか？	あなたはこの単元の学習を通して，どのようなことができるようになりたいですか？
自己評価　学んだことを，保育のどの場面で，どのように活かしますか？	自己評価　学んだことを，保育のどの場面で，どのように活かしますか？
5章　子どもの福祉	
あなたはこの単元の学習を通して，どのようなことができるようになりたいですか？	
自己評価　学んだことを，保育のどの場面で，どのように活かしますか？	

表紙デザイン
鈴木美里
本文基本デザイン
広研印刷株式会社

［（家庭 707）保育基礎］準拠
保育基礎 学習ノート

●編　者——実教出版編修部
●発行者——小田　良次
●印刷所——広研印刷株式会社

●発行所——実教出版株式会社
〒102-8377
東京都千代田区五番町 5
電話　(03) 3238-7777〈営業〉
(03) 3238-7723〈編修〉
(03) 3238-7700〈総務〉
https://www.jikkyo.co.jp/

002402023　　ISBN 978-4-407-35956-5

保育基礎学習ノート　解答編

記述式の問いについては解答例の一つを示した箇所があります。

1章　子どもの保育

1 保育の意義（p.2）

Ⅰ 保育とは

1 ①ア　②ウ　③オ

2 ①心　②からだ　③保育　④保護　⑤育てる　⑥主体的　⑦世界
（①，②は順不同）

3 ①人　②もの　③場　④環境

Ⅱ 保育の意義

1 自らの興味にもとづき自発的に選んだことを心ゆくまで行うこと。子どもの心身の発達に欠かすことができないもの。

2 ①人として生きる基礎　②根　③根　④自己発達力　⑤人間性

3 自立心，協同性，道徳性・規範意識の芽ばえ，社会生活とのかかわり，思考力の芽ばえ，自然とのかかわり・生命尊重，数量や図形，標識や文字などへの関心・感覚，言葉による伝え合い，豊かな感性と表現
①生活　②遊び

4 （春）花冠作り（シロツメクサ），ペンペンたいこ（ナズナ），つくし摘み，梅仕事　など（夏）虫採り（セミ，カブトムシなど），星空観察，七夕飾り　など（秋）どんぐりでコマややじろべえ作り，押し葉でお絵かき，月見だんご作り　など（冬）氷割り，霜踏み，もちつき　など

2 保育の方法（p.4）

Ⅰ 保育者の役割

1 ①環境　②育つ力　③環境　④安全　⑤安心　⑥環境　⑦信頼関係

2 信頼できる大人，気持ちを理解してくれる人，安全基地，遊びを手助けしてくれる大人，頼れる大人
①子ども　②状況

3 ①ア　②エ　③イ　④カ　⑤オ　⑥キ

Ⅱ 一人ひとりに合わせた指導

1 ①○　②×　③○　④×　⑤○

2 ①理解　②意味

3 ①生理的欲求　②スキンシップ

4 ①（願い・ねらい）食べ物で遊ぶことをやめさせたい。食べ物の大切さを知って欲しい。（はたらきかけ）①見守る。食べ物に興味をもち，色々な感触を知り，楽しんでいることも認める。②声かけをする「お口にあーんしよう」③「食べないなら，ごちそうさましようね」④食べ物の命，作ってくれる人に感謝することが大切で食べ物で遊んではいけないことを伝える。
②（願い・ねらい）お友だちに「借して」と言えるようになって欲しい。お友だちが使わなくなるまで待てるようになって欲しい（がまんをする）（はたらきかけ）声かけする。「○○ちゃんが遊んでいるからだめよ」「『借して』って言ってみようか？」

3 保育の環境（p.6）

Ⅰ 家庭での保育

1 ①生活習慣　②人格　③生活　④環境

2 ①○　②○　③×　④×

Ⅱ 幼児教育・保育の場

1 保育所，幼稚園，認定こども園

2 ①0～5　②3～5　③0～5　④こども家庭庁　⑤文部科学省　⑥保育所保育指針　⑦幼稚園教育要領　⑧幼保連携型認定こども園教育・保育要領　⑨保育士　⑩幼稚園教諭　⑪家庭　⑫家庭　⑬20　⑭地域型　⑮企業主導型

Ⅲ 子どもが育つ環境の変化と課題

1 少子化や核家族化の進行，人間関係の希薄化，都市化や情報化の進展

2 ①合計特殊出生率　②減少　③経済的　④長時間　⑤教育費

3 ①待機児童　②保育士　③質

4 ①（変化と課題）兄弟姉妹で遊んだり，ケンカする機会が減少。（解決方法）いろいろな子どもたち（保育施設だけでなく親戚や親の友だちの子など）と遊ぶ機会をつくる。　②（変化と課題）育児の知恵が伝承されにくい。（解決方法）祖父母だけでなく，近所の相談できる場に参加する。
③（変化と課題）自然や広場などの遊び場が減少。（解決方法）休日などに自然のあるところで

遊ばせる。　④（変化と課題）スマートフォンなど電子メディアと接する時間が増えた。（解決方法）電子メディアを使い始める年齢を決めたり，一日の使用時間を決める。

2章　子どもの発達

1 子どもの発達の特性 (p.10)

Ⅰ 発育と発達

1　① 生活　② 生きる力

2　発育…身長や体重などの身体の大きさの伸び
発達…心身の機能が変化するさま

3　① 発達課題　② 養育者　③ 環境

4　運動機能の発達，認知機能の発達，言葉の発達，情緒・社会性の発達

5　① イ　② ア　③ オ　④ カ　⑤ ケ
（④，⑤は順不同）

Ⅱ 発達の共通性と個別性

1　① 発達の共通性　② 発達の個別性

2　① ア　② ア

3　① エ　② ア　③ オ

4　① ○　② ×　③ ○　④ ×

5　① 歩き始めは1歳頃といわれているが，遅い子は1歳半を過ぎてからと，個人差が大きいのでもう少し様子をみてみましょう。抱っこで甘えていたり，靴が苦手な子もいるようです。② ハイハイ，つかまり立ち，伝い歩き，を経て，ひとり歩きするのは1歳頃といわれていますが，1歳前に歩き始める子もいます。全身の筋肉のバランスを考えて，遊びの中で，ハイハイを取り入れてみましょう。

2 子どものからだの発達（発育・発達の評価）(p.12)

Ⅰ 発育・発達の評価

1　① ウ　② オ　③ サ　④ ク　⑤ カ
⑥ コ

2　① 身体発育曲線　② パーセンタイル曲線
③ 9　④ パーセンタイル値
（①，②は順不同）

3　① カウプ指数　② 肥満度　③ カウプ指数
（①，②は順不同）

4　体重，身長，胸囲，頭囲

5　① ベビースケール　② 頭頂点　③ 足の裏
④ かかと　⑤ おしり　⑥ 背中　⑦ 垂直
⑧ 眉
（④～⑥は順不同）

6　① ×　② ×　③ ○　④ ×　⑤ ○

7　（東京都：父親ハンドブック）…子育て事情，育児体験記，赤ちゃんの24時間，父親の基礎知識（お金，子育て仲間，お出かけ），子育て体験記，育児実践，保育等施設，子育て支援サービス紹介

子どものからだの発達（身体的特徴①）(p.14)

Ⅱ 身体的特徴①

1　① 神経型　② 生殖型　③ リンパ型
④ 一般型

2　① 50　② 1.5　③ 3　④ 3　⑤ 遅れ
⑥ 2500　⑦ 1500　⑧ 1000

3　① 大泉門　② エ　③ 小泉門　④ イ

4　① ア　② ウ　③ カ　④ カ

5　① 弾力　② リン酸カルシウム　③ 化骨
④ 骨年齢　⑤ 手根骨

子どものからだの発達（身体的特徴②）(p.16)

Ⅱ 身体的特徴②

1　① 一次湾曲　② 二次湾曲　③ 腰
④ 直立歩行

2　両ひざの関節と股関節が曲がっている。

3　① イ　② ウ　③ オ　④ ク

4　① 胃底部　② 噴門　③ 3

5　① 乳歯　② 下　③ 上　④ 4　⑤ 3
⑥ 永久歯　⑦ 32

6　① ア　② イ　③ イ　④ ア

7　ミルクを飲ませた後に「げっぷ」をさせる。（背中をトントンする）授乳量を減らし，飲みすぎないようにする。すぐ寝かせず，縦抱きで様子をみる。寝かせるときは頭を少し高めにしてあげる。

子どものからだの発達（生理的特徴①）(p.18)

Ⅲ 生理的特徴①

1　① 胎盤　② 産声　③ 腹式　④ 胸式
⑤ 3　⑥ 7

2　① 鼻　② 多い

3　① 心臓　② 胎盤　③ 胎児循環　④ 肺

4　① 動脈　② 多く　③ 低い

5　① 中心　② 押し上げる　③ 37　④ 保温
⑤ 上がる　⑥ 高く　⑦ 食事　⑧ 条件

子どものからだの発達（生理的特徴②）(p.20)

Ⅲ 生理的特徴②

1　① 薄く　② ビリルビン　③ 新生児黄疸
④ 1週間　⑤ 胎脂　⑥ 湿疹　⑦ 保湿

2　① 水分　② 不感蒸泄　③ 脱水症状
④ 水分補給

3　① 胎便　② 移行便　③ ビリルビン
④ 4

4　① 3　② 膀胱　③ 増える

5 ① 溢乳　② よだれ　③ 肌荒れ

3 子どもの心の発達（社会・情緒的な発達）(p.22)

Ⅰ 社会・情緒的な発達

1 ① 愛着　② スキンシップ　③ 安全基地
④ 探索行動　⑤ 自己肯定感　⑥ 人間関係

2 おなかがすいた，眠い，おむつがぬれて気持ちが悪いなどの子どもの求めに対応する。泣きに対応して抱っこする。一緒に遊ぶ。子どもが求めていない時は見守る。

3 ① ○　② ×　③ ×　④ ○

4 ① 6　② 人見知り　③ 分離不安反応
④ 8か月不安　⑤ 愛情　⑥ 愛着関係
(②，③は順不同)

5 ① 2　② 第一次反抗期　③ 自我

6 ① 中間反抗期　② 葛藤　③ 自己
④ 自発　⑤ 見守る

7 ① 第一次反抗期　② 中間反抗期
③ 第二次反抗期

8 ① 自分で着替えやすい洋服を選び，できたら，ほめてあげる。「上手にお着替えできたね」お着替え競争やお洋服屋さんごっこなど，楽しく着替えできる工夫をする。② 食べる順番をかえてみる。食品の調理法や切り方や味付けを変えてみる。人形にも食べさせる。「くまちゃんもあーん，おいしいね」食べ物が出てくる絵本を読む。「絵本で○○ちゃんが食べていたね」③ 歯ぶらしを口に入れるのに慣れさせる。食事をしたらすぐ歯みがきをさせ習慣をつけさせる。歯みがきの歌を歌いながら，行う。

子どもの心の発達（知的発達・言葉の発達）(p.24)

Ⅱ 知的発達

1 ① 新生児模倣　② 共感性　③ つもり
④ ごっこ遊び

2 ① 社会的参照　② 三項関係
③ 9か月革命

3 ① 発達段階　② 感覚運動　③ 前操作
④ 具体的　⑤ 形式的　⑥ 見かけ
⑦ 自己中心性　⑧ 思考

Ⅲ 言葉の発達

1 ① 泣く　② 感情　③ 喃語　④ 共感性
⑤ 意味　⑥ 二語文　⑦ 第一質問期
⑧ イメージ　⑨ 第二質問期　⑩ 表現

月齢，年齢別の発育・発達 (p.26)

胎児期

1 ① 胎盤　② 酸素　③ 老廃物　④ 胎芽期
⑤ 胎児期　⑥ たばこ

2 ① 心臓　② 胎動　③ 聴覚　④ 肺

0～1か月

1 ① 免疫力　② 生理的体重減少
③ 明るい・暗い　④ 7　⑤ 原始反射
⑥ 4

2 ① 生理的微笑　② 泣く

2～4か月

1 ① 一定　② 2　③ 皮下脂肪　④ 腹ばい
⑤ 首すわり

2 ① スキンシップ　② 表情　③ 喃語
④ 追視　⑤ ハンドリガード

5～7か月

1 ① 離乳　② 離乳食　③ 寝返り

2 ① 知覚　② 記憶力　③ 認知

3 ① A　② B　③ A　④ B　⑤ A

8か月～1歳

1 ① 手指　② はいはい　③ 行動範囲
④ 安全

2 ① イ　② エ　③ ア　④ ウ

3 ① 愛着　② 人見知り　③ 後追い
④ 全身

1歳

1 ① ひとり歩き　② 絵本　③ 積み木
④ なぐり描き　⑤ 一語文　⑥ 主張
⑦ 自分

2 ① ×　② ○　③ ×　④ ×

2歳

1 ① 運動機能　② 円　③ 鉛筆持ち

2 ① 認識　② 象徴　③ ごっこ遊び
④ 主張　⑤ 自信　⑥ 調整

3歳

1 ① 基本的生活習慣　② バランス
③ 遊び　④ 身体感覚

2 ① ごっこ遊び　② 絵本　③ 質問
④ 言葉　⑤ 調整

3 ① ×　② ○　③ ×　④ ○

4歳

1 ① 片足ケンケン　② 運動量　③ 道具
④ 箸

2 ① 想像力　② 目的　③ 折り合い
④ 自信　⑤ 人間関係

5歳

1 ① 協調　② ルール　③ 遊び
④ 心地よさ

2 ① オ　② ウ　③ カ

3 ① 目標　② 見通し　③ 相手　④ 自分

⑤ 数　⑥ イメージ

3章　子どもの生活

1子どもの生活と養護（生活と養護）(p.34)

Ⅰ 生活と養護

1 ① 生活リズム　② 養護　③ 生活リズム
④ 予測　⑤ 自立　⑥ 健康　⑦ 安全

2 ① 肉体的　② 精神的　③ 社会的
④ 満たされた

3 ① 身体的　② いじめ　③ 人間関係
④ 欲求　⑤ スキンシップ　⑥ 言葉
⑦ 応答的　⑧ 安心　⑨ 環境

4 ① たて　② 前向き

5 ① スキンシップ　② 転落
③ 生活リズム　④ ベビーバス　⑤ 沐浴
⑥ 環境　⑦ 感染症　⑧ 運動
⑨ 休息　⑩ ビタミンD　⑪ 紫外線

6 就寝リズムが明確になるまでは，夜間以外に2～3時間のねんねの時間が1日3回程度ある。

子どもの生活と養護（栄養と食事①）(p.36)

Ⅱ 栄養と食事①

1 ① 食事　② 栄養　③ コミュニケーション
④ あいさつ　⑤ 食文化　⑥ 生活習慣
⑦ 食の外部化　⑧ 生活習慣病
⑨ 食育基本法　⑩ 食育

2 ① 鉛筆　② くすり指　③ 上

3 （食行動）偏食，むら食い（対処方法）子どもの生活をとらえたうえで原因を考え，食生活を見直す。（対処方法）遊び始めたら食べ物をかたづけ，遊びと食事の区別がつくようにする。

4 ① 高血圧　② 肥満　③ 食事　④ 運動
⑤ 間食　⑥ 夜型　⑦ 栄養
⑧ エネルギー　⑨ からだ
⑩ 食事摂取基準
（③，④は順不同）

5 ① ○　② ×　③ ○　④ ×　⑤ ×
⑥ ○

6 ① 433　② 416

子どもの生活と養護（栄養と食事②）(p.38)

Ⅲ 栄養と食事②

1 ① 母乳栄養　② 人工栄養　③ 混合栄養
④ 消化吸収　⑤ 初乳　⑥ 免疫物質
⑦ 信頼関係　⑧ 授乳　⑨ 量
⑩ 母乳性黄疸　⑪ ビタミンK

2 （理由）授乳後，胃の中の空気を出すため。（抱き方）乳児を縦に抱いて背中をさする。

3 ① 離乳　② 離乳食　③ 種類
④ 調理形態

4 ① ○　② ×　③ ○　④ ×　⑤ ○
⑥ ×

5 （食物アレルギー）…特定のものを食べた後，アレルギー反応により呼吸器，消化器，皮膚などに生じる症状。　年齢が上がるにつれ，割合は減る傾向にある。（アナフィラキシー）…食物アレルギーの症状が複数同時に急激に現れた状態。　命にかかわる重篤な状態になることもある。（原因食物）…鶏卵，牛乳，小麦など。

6 ① 食習慣　② 好き嫌い　③ 個人差
④ 間食　⑤ 量　⑥ 時間

7 3回の食事で足りない栄養素をおやつで補うとよい。　・乳製品，いも，くだもの，ご飯など
・かみごたえのあるものを選ぶとよい。　・水分補給（ジュースや清涼飲料水は飲ませすぎないようにする）も忘れずに。

子どもの生活と養護（衣生活）(p.40)

Ⅳ 衣生活

1 ① 清潔　② 安全　③ 体温調節
④ 吸湿性　⑤ 通気性　⑥ 保温性
⑦ 木綿　⑧ 薄着　⑨ 外　⑩ ロンパース
⑪ スモック
（①，②と④，⑤は順不同）

2 ① 動きやすく　② じょうぶ　③ 飾り
④ 足首　⑤ やわらかく

3 けがをしているほうの腕や足から先に通す。

4 ① 2　② 反射的

5 ① おむつ交換　② 布　③ 紙
④ やわらかい　⑤ 吸湿性　⑥ 通気性
（②，③と⑤，⑥は順不同）
（布おむつ）おむつを押さえるために，おむつカバーを使用する。（紙おむつ）尿がしみ出るのを防ぐ防水シートを使用しており，尿の吸水量が多く，使い捨てである。

2生活習慣の形成 (p.42)

Ⅰ 子どもの生活習慣

1 ① 生活習慣　② 遊び　③ 習いごと
④ 生活リズム　⑤ 睡眠時間　⑥ 食習慣

2 電子メディアを長時間見せない。使用しない環境をつくる。

Ⅱ 基本的生活習慣

1 ① 基本的生活習慣　② 時期　③ 援助

2 ① 活動　② 睡眠　③ 安全　④ 心地よさ

⑤ トイレット・トレーニング　⑥ 健康
⑦ 歯みがき　⑧ のどを突く

Ⅲ 社会的生活習慣

1 ① 遊具　② 交通ルール　③ 有効活用
④ 金銭感覚　⑤ 仲間集団　⑥ 考え方
⑦ 社会的生活習慣　⑧ 社会的マナー

2 ・日中にしっかりからだを動かして遊ぶ。・部屋を暗くする，静かにするなどの環境を整える。
・入眠儀式をする。・「おやすみ」を言う。
・絵本を読む　など

3 健康管理と事故防止（子どもの健康管理）(p.44)

Ⅰ 子どもの健康管理

1 ・発症や進行が急であることが多い。・重症化，全身化しやすい。・感染症にかかりやすい。
・心の問題がからだに表れることがある。
① 食欲　② 毎日　③ 変化

2 ① 寒さ　② 温かく　③ 経口補水液
④ 着替え　⑤ 脱水症状　⑥ 少なめ
⑦ 清潔　⑧ 気道　⑨ うがい　⑩ 横

3 ① エ　② カ　③ ウ　④ ア　⑤ イ
⑥ オ

4 子どもの発育・栄養に関する指導，疾病の早期発見と治療・療育，社会性の発達，親子の関係性，親のメンタルヘルス，虐待の未然防止　など

5 電話をかけると住んでいる地域の相談窓口につながり，小児科医師や看護師から子どもの症状に応じた適切な対処のしかたや受診する病院等のアドバイスを受けることができる。

健康管理と事故防止（事故の防止と応急処置）(p.46)

Ⅱ 事故の防止と応急処置

1 ① 行動範囲　② 事故　③ 不慮の事故
④ 目線　⑤ 安全教育

2 （食物）こんにゃくゼリー，ピーナッツなどの豆類，野菜スティック，あめ（日用品）やわらかい布団，おもちゃの部品，硬貨，ボタン電池（その他）コンビニ袋をかぶる，電気コード，カーテン・ブラインドのひもを首に巻き付ける

3 ① 背中　② 腹部

4 ① おぼれてしまう　（事故予防）・子どもだけで浴室に入れない。・浴槽の水は必ず抜く。
・子どもを浴室でひとりきりにしない。・髪を洗う時には子どもを浴室から出す。② 頭　（事故予防）家具・家電の置き場所や置き方，危険箇所を見直す。

5 ① 座らせて　② 押さえて　③ 水
④ 圧迫　⑤ 流水　⑥ つぶさない
⑦ 胸骨圧迫　⑧ AED　⑨ たえ間なく
⑩ 人工呼吸

6 （ビニール袋）子どもの手が届くところにビニール袋を置かない　（ストーブ）周りを柵で囲む（浴槽）浴槽に水をためておかない

4章　子どもの文化

1 子どもの文化の意義と支える場 (p.52)

Ⅰ 子どもの文化

1 ① 生活様式　② 児童文化財　③ 文化活動
④ 児童文化施設　⑤ 遊び　⑥ 大人

2 ① 伝承者　② 発達　③ 時間　④ 場所
（③，④は順不同）

3 絵本，紙芝居，歌・ダンス，テレビ・映画，おもちゃ・遊具，伝承遊び

4 ① 固定遊具　② 安全性　③ 衛生面
④ おもちゃ　⑤ 安全
⑥ ユニバーサルデザイン　⑦ 絵本
⑧ リズム　⑨ 経験　⑩ 年中行事
（②，③は順不同）

Ⅱ 子どもの文化を支える場

1 ① 児童文化施設　② 児童文化センター
③ 文化　④ 児童図書館　⑤ 文化
⑥ 児童館　⑦ 子育て　⑧ 児童厚生員
⑨ 児童遊園　⑩ 固定遊具

2 （取り上げる風習や伝統行事など）背守り（子どもの着物の背中に縫いつけたお守り）　（由来）昔の人は「目」には魔除けの力があると信じており，背縫いの「縫い目」にも背後から忍び寄る魔を防ぐ力があると考えられていた。赤ちゃんの着物は小さく「背縫い」がないため，母親は，子どもに魔が寄りつかないように背縫いの代わりとなる魔除けのお守りをつけたといわれている。

2 子どもの遊びと表現活動 (p.54)

Ⅰ 遊びと発達

1 ① ウ　② エ　③ キ　④ ア　⑤ ク
⑥ コ

2 ① 感覚　② 運動　③ 受容　④ 想像
⑤ 構成

Ⅱ 遊びと表現活動

1 ① 造形　② 言語　③ 音楽　④ 身体

2 ① 性質　② 想像　③ 創造　④ 過程
⑤ 能動

3 ① 言葉になる前　② 感覚　③ ごっこ遊び
④ 伝えあう　⑤ からだの動き　⑥ 表現

⑦ 楽しく

4

メディアの種類	よい点	問題点
映像メディア（テレビやDVD）	子どもの好奇心を刺激し，興味が広がる。児童文化財であり，子どものための文化活動を支える一つの道具である。	長時間，受け身的に見続けると，直接的な体験の時間が減る。キャラクター商品の取り入れ方にも配慮する。
電子メディア（スマートフォンやタブレット端末）	スマートフォンは小型で子どもでも操作しやすい。	依存傾向，視力低下など，心身の発達を阻害する。

5

	歌と遊び方
手遊び	「むすんで　ひらいて」「ひげじいさん」
指遊び	「指のお散歩」…赤ちゃんや子どもの体の上をお散歩するように指を動かす。 「いっぽんばし」…歌にあわせて，手のひらを人指し指でなぞったり，くすぐったり，階段をのぼるように指を動かす。

5章　子どもの福祉

1 子ども観 (p.64)

Ⅰ 子ども観の変遷

1 ① 存在　② 国　③ 時代　④ 共同体
⑤ 多産多死　⑥ 早く　⑦ 少産少死
⑧ 家族　⑨ 学校　⑩ 神　⑪ 子捨て
⑫ 国民　⑬ 教育　⑭ 童謡　⑮ 児童雑誌

2 ① 種子　② 栽培　③ 能力　④ 自然

Ⅰ Ⅱ権利の主体としての子どもへ

1 ① エ　② ウ　③ ア　④ オ　⑤ イ
⑥ キ

2 私が関心を持った子どもに関するSDGsの目標：3. すべての人に健康と福祉を　関心を持った理由：年間約30万人の妊産婦が妊娠や出産中の合併症で亡くなっている。日本生まれの「母子手帳」が世界に広まり，母親と子どもの命を守り，成長を手助けしていることを知ったから。

2 子どもの福祉（児童福祉）(p.66)

Ⅰ 児童福祉

1 ① 児童福祉　② 安全　③ 責任　④ 責任

2 ① エ　② イ　③ ア　④ カ　⑤ オ
⑥ ウ

3 ① 主体　② 命　③ 医療　④ 教育
⑤ 暴力　⑥ 労働　⑦ 意見
（③，④は順不同）

子どもの福祉（子どもをとりまく課題と対策）(p.68)

Ⅱ 子どもをとりまく課題と対策

1 ① ウ　② オ　③ イ　④ ア　⑤ エ

2 ① 早期発見　② 予防　③ 児童相談所
④ 児童虐待防止法　⑤ 体罰
（①，②は順不同）

3 ① 189　② 全国共通

4 ① しつけ　② 体罰

5 ① 人格　② 自立　③ 言葉　④ 見本
⑤ 理解

6 友人に大変なことやストレスなどの話を聞く。子どもと一緒に遊んだり面倒をみたりして，友人がのんびりできる時間を作ってあげる。

子どもの福祉（子どもが育つ社会環境）(p.70)

Ⅲ 子どもが育つ社会環境

1 ① 社会的支援　② 育児

2 ① エ　② サ　③ オ　④ ケ　⑤ ア
⑥ ク　⑦ コ　⑧ イ　⑨ シ　⑩ ウ
⑪ カ　⑫ キ

3 ① 不衛生　② 児童労働　③ 紛争
④ 子ども兵士　⑤ 教育機会　⑥ 児童婚

4 ① ○　② ×　③ ○　④ ×

3 子育て支援 (p.72)

Ⅰ 子育て支援からパートナーシップへ

1 ・質の高い幼児期の教育・保育の総合的な提供
・保育の量的拡大・確保
・地域の子ども・子育て支援の充実

2 ① 1.8　② 結婚　③ 両立
④ 男女共同参画社会　⑤ 育児休業
⑥ ワーク・ライフ・バランス

Ⅱ 社会的養護

1 ① 社会的養護　② 施設養護　③ 家庭養護
④ 家庭

2 ① ウ　② ア　③ イ

Ⅲ 地域の子育て支援

1 ① 孤立化　② 地域子育て支援事業

2 ① エ　② イ　③ ア　④ ウ

3 働き方改革が進み残業時間が減ったりテレワークや時短勤務などさまざまな働き方が認められたりすることで，仕事と生活の調和（ワーク・ライフ・バランス）がとれ，育児と仕事を両立して男性も女性も働きやすい環境になることが必要。また，周りの人の理解が必要である。